졸업 50주년 기념, 휘문 67회 교우회 후원 문집

휘시향, 나래를 펴다

휘문 67회 다행시 모임, 徽詩香

표지 그림 : 은학수

책 속의 작은 전시회   은학수

아름다운 휘문 시문의 향기
徽詩香

목 차

책 속의 작은 전시회 — 003
휘시향 초기 사진 모음 — 014
1부 휘시향의 발자취 — 019
  휘시향의 추억 — 020
  휘시향의 행시놀이 — 052
  휘시향, 나래를 펴다 — 098
  에필로그 1. 이름 행시 — 122
  에필로그 2. 행시백일장 — 127
2부 휘시향 회원들의 글과 작품 — 134
  김기수 — 135
  김양수 — 150
  김연수 — 158
  김일현 — 164
  김홍수 — 179
  문상영 — 184
  배길환 — 194
  은학수 — 199
  이광연 — 209
  이정식 — 243
  이충노 — 252

발간사

"휘시향, 나래를 펴다"라는 제목의 이 책을 출간하기 너무 긴 시간이 걸렸습니다.

10년 전에 휘시향이 결성될 때부터 우리가 내 놓은 시들을 정리해 보아야 하겠다고 생각했던 것들이 이번에 휘문67회 졸업 50주년을 맞이하는 이 시기에 출간이 된 것은 하나님의 은총이라고 해야 할 것 같습니다.

아이를 낳을 때, 출산의 고통이 따르는 것처럼, 출간하기까지 여러 가지의 심각한 어려움들이 많이 있었지만, 박규홍 회장님의 배려와 휘시향 회원님들의 격려가 큰 힘이 되었습니다. 정말로 물심양면으로 기여해 주신 휘시향 회원님들의 한 분 한 분의 적극적인 후원이 없었다면 이 책의 출간은 가능하지 않았을 것입니다.

아주 오래 전 고등학교 시절 이야기도 아니고, 10년 전에 우리 휘문 67회 밴드 안에서 휘시향이 결성되던 그 순간들을 한줄 한줄 정리하면서 그때의 순간들을 음미하고 웃음 지으며 그때 이런 일이 있었지 하고 추억에 잠겨들었습니다. 모두들 그 때 상황을 밴드에서 같이 보셨고 참여하셨으니, 같이 웃음지으며 그때를 회상하실 수 있을 것입니다. 지금은 이곳에 없어서 섭섭하기 이를 데 없는 이미 세상을 떠난 친구의 글도 남아서 그의 체취를 느낄 수 있고, 현재 병석에서 거동하기 어려운 친구의 글도 밴드 속에서는 그대로 활발하게 살아서 감동을 주고 있어서 그대로 가지고 온 글도 들어 있습니다.

그리고 나이가 들어서 이미 70줄에 들어섰지만, 휘문 67회 졸업생이라면 글을 쓰든 쓰지 않든 누구나 휘시향 회원이 될 수 있습니다.

같이 멋진 추억을 만드는 기쁨을 누려보시기 바랍니다.

휘문 67회 졸업 50주년을 기념하여 이 책을 모든 휘문 67회 졸업생 여러분께 바칩니다.

아름다운 휘문 시문의 향기 "휘시향" 회장 김기수

1부. 휘시향의 발자취

김기수 정리

휘시향의 추억

휘시향의 행시놀이

휘시향, 나래를 펴다

에필로그 1. 이름행시

에필로그 2. 행시백일장

휘시향의 추억

10년 전 자생적으로 생긴 다행시 모임 "휘시향"의 추억

휘문 67회 밴드를 열심히 뒤져서 휘시향의 초기형성 과정과 초기 작품들을 찾아 보았습니다.

내가 휘문 67회 밴드에 2014년 6월 12일 오후 4시 41분에 가입한 것으로 되어 있고, 초기에는 조용히 있다가 2015년 6월경부터 우리 동기들의 이름으로 삼행시를 썼지요. 내가 이름 삼행시를 즐겨 썼던 이유는 그 이전 몇 년 전부터 교회에서 중 고등부장을 맡고 있었는데, 그때는 싸이월드라는 플랫폼에서 모임을 만들고 학생들과 대화와 소통을 하는 시기였어요. 그런데 많은 학생들이 잘 들어와서 참여하지 않았기 때문에 싸이월드 계정에서 소통의 횟수를 늘이기 위해서 학생들과 선생들 이름으로 삼행시 쓰기 코너를 만들어서 학생들의 참여를 독려했지요. 하지만 아무도 들어오는 사람은 없고, 나만 열심히 쓰고 있는 상황이 되었어요. 거기서 열심히 닦은 실력으로 우리 밴드에서 친구들 이름으로 삼행시를 써서 올리기 시작했는데, 우리 동기들이 관심을 보이고, 댓글이 달리고, 시제가 다양해지고, 동조하는 많은 동기가 생기기 시작하면서 다행시 모임이라는 그룹을 형성하기 시작했지요. 아직도 우리 67회 밴드에 들어가 보면 그 때의 상황이 고스란히 남아 있어서 웃음 짓게 되네요.

휘시향이라는 모임의 명칭을 갖게 되기까지도 우여곡절이 있었지요. 처음에는 다사모(다행시를 사랑하는 모임)으로 하려다가 휘문을 상징하는 부분이 있어야 한다고 생각해서 휘영청으로 하려고 했었는데, 같은 이름을 쓰는 휘문 모임이 있다고 해서 이리저리 고민하다가 결국은 휘문의 시의 향기를 뜻하는 "휘시향"라는 명칭을 사용하기로 했는데, 그때가 2015년 11월 2일이네요. 졸업한지 40년이 되던 해에 만든 다행시모임에 여러 동기들이 관심을 보이면서 현재 10년째 잘 유지되어 오고 있는 대표적인 동기모임이 되었습니다.

휘문 67회 밴드에서 보면 당시의 휘시향원들이 올렸던 글들을 죽 훑어보는데 좋은 시들이 많네요. 왕희지의 난정서처럼 우리가 당시에 썼던 글들도 책자에 기록으로 남기고 싶어서 이 글을 씁니다.
우선 절절하게 친구를 그리워하는 김유의 자유시가 눈에 띕니다.

<그리운 친구>

서른 아홉 해 전,
오늘이 그날이다.
눈은 간밤부터 왔었고,
그것을 너는 첫 눈이라고 하였다.
새벽에 네 어머니가 잠 깨우기 전,
먼저 일어나 너와 나는 군문으로 향했고
머리를 박박 깎은 내 모습을 보며,
내가 네게 작별인사를 말할 때.
넌 그 큰눈에 눈물이 치렁치렁 하였다.
대호야, 우리 이제 사십 여 년 지나.
이곳에서 다시 만난다마는,
너는 그 착한 모습을 남겨두고
어디로 갔느냐.

요즈음 몸이 불편해서 잘 참석을 못하고 있지만, 늘 열심히 참석하고 좋을 글들을 많이 올렸던 동기입니다.
김유의 대표적인 다행시로는 짙은 감성이 묻어나는 "눈물젖은 두만강"을 운으로 쓴 7행시가 있습니다.

<눈물젖은 두만강>

눈물 없는 사람이 어디 있으랴.
물 새 우는 강가에 서서
젖은 눈으로 산하를 내려본다.
은연중 지나간 건 세월이었구나.
두레박을 던져 넣어도 세월은 긷지 못한다.
만공에 흐르는 구름이 어찌 이 심정을 알리.
강물과 하늘이 어우러져 홀로 심정을 비탄케 하는구나.

그리고 "질이 좋은 동네"라는 운으로 쓴 김유의 6행시에서는 어머니에 대한 생각이 가슴
깊이 스며듭니다.

<어머니 사랑>

질그릇 같은 어머니사랑,
이쁘나 안 이쁘나
좋을 때나 궂을 때나
은혜는 한량없다
동안만이라도 평안하옵소서
네모가 아닌 원 같은 사랑.

그리고 또 눈에 띄는 친구가 있지요. 지금은 우리 곁에 없는 고인이 된 취보 정철입니다. 그를 추모하며 그의 흔적을 찾아봅니다.
본인의 해설이 들어있는 천상운집 (일학 정철)의 4행시가 눈에 들어옵니다.

<천상운집>

天下의 柔能克强하고 大河無聲한
商人들이 瑞氣雲集한 축복의 땅!
雲霧를 헤치며 運河가 휘감아도니
집집마다 和氣滿堂한 天祿雲集이어라!

본인 해설 : 위 시는 소인(정철)이 마눌이랑 지난 번 중국 황산에 갔을 적 안휘성의 이곳 저곳을 다니다 그 유명한 휘상들의 족적을 그려봤는데 이를 시로 재현한 것이오!
그 당시엔 오늘과 같은 강이 없이 인공수로를 따라 상업이 발달하고 유명한 상인들이 출현했으며 휘상을 높게 평가하는 것은 그들이 기부정신이 매우

높았기 때문이오! 그 친구는 우리 곁에 있지 않지만, 그 친구를 위해 내가 쓴 행시가 눈에 보이네요.

<그대에게 술 한잔 권하오>

취한 그대에게 다시 술잔을 권하노니
보시게, 넘쳐도 사양하지 마시게
정들어 꽃 피면, 비바람도 흩어지듯
철들어 익어가니, 이별이라...
이해일이 썼던 글을 보며 재미있게 하나하나 멋진 평을 하던 정철, 그때 거기 있었던 사람들은 다 잊지 못할 것입니다.

반도체의 산증인인 줄만 알았는데, 문상영의 감성이 돋보이는 글도 많이 발견됩니다.

정말 진심이 담겨있는 감성적인 좋은 다행시를 많이 썼네요.
대표작은 문상영이 이해일에게 써 주어 이해일이 늘 가슴에 간직하고 있고, 죽을 때도 가슴에 품고 가겠다고 하는 소중한 마음이 담겨있는 시,
"단군할아버님"을 운으로 하는 6행시입니다.

단단한 지식과 실력
군인 같은 풍채와 빛나는 아우라
할 말은 따뜻한 미소로
아찔하고 그윽한 눈빛으로
버릴 것 없는 멋진 남자
님의 이름은 ˝ 이 해 일!

문상영이 쓴 멋진 자유시도 하나 발견이 됩니다.

<낙엽>

휘돌아 감기는 찬바람에
견디지 못하고 버티지 못해서
벌레 먹고 일그러진 벗잎은 그만 ˝
떨어지고 말았다
그것으로 끝이었다
보고 있던 복실이도
눈을 감아버리고
찬바람은 다시 휘돌아
복실이 눈물마저 날려버린다

그렇게 ˬ
가을은 가고
봄이 오지 않을 것 같은
겨울이 온다
저 낙엽은 하얀 눈을 뒤집어쓰고 ˬ

그리고 문상영의 와이프를 사랑하는 마음이 그대로 나타나 있는 "비 내리는 고모령" 7행시가 보이네요.

<비 내리는 고모령>

비련의 주인공 ˬ 그대여
내 맘 속의 그 사람 ˬ 예쁘게
리본 달고 기다리는 내 맘 속에
는 건 그대 생각뿐
고결한 자태에 숨겨진
모질게 살아온 지난날 ˬ
영원히 기억하리 ˬ

다음 시는 아마도 문상영이 결혼 전에 연애할 때의 부인을 생각하며 쓴 글일 듯 하네요.
문상영의 감성이 돋보이는 "온누리에 축복을" 칠행시를 봅니다.

<온누리에 축복을>

온통 그대 생각뿐이었지 그날은 ˬ
누가 그대를 내게 보냈는가

리허설도 없이 내 앞에 선 그대와
에버랜드에 함께 걸으며
축포를 쏘아 올렸던 그날
복권 당첨된 기분으로 같이 걷던
을지로 명동길도 그대와의 추억길··

그리고 문상영의 젊은 날의 첫사랑을 노래한 듯한 "무소의 뿔처럼 혼자서 가라" 11행시도 있네요.

무용과 다니던 어여쁜 그녀
소문엔 남친이 많았다네
의대, 경영대, 법대에 쫘악 있다고··
뿔난 표정으로 그녀에게 화도 내고
처량한 표정으로 애원도 하고
럼주에 사이다 타서 벌컥벌컥 마시고
혼자 쓸쓸히 발길을 돌렸네
자책하며 후회하며
서울의 흐릿한 달아 넌 아느냐·· 이 마음
가을의 차가운 달아 넌 아느냐·· 이내 마음
라임향 그녀·· 다시 내게 오라

문상영이 위재준 대령을 절절하게 추모하며 쓴 "울고 넘는 박달재" 7행시도 있구요.

울지 말아요·· 오늘 같이 비 오는 날
고 위재준 대령을 추모하며

넘 슬프다고 눈시울 적신 얼굴들, 친구들ㅎ
는 건 주름진 얼굴뿐이지만
박씨 물고온 제비 기다리듯
달려가 반기고 악수하고 안고 싶다ㅎ
재준아 보고 싶다!

문상영이 "가나다라마바사아자차카타파하"를 운으로 즐겁게 쓴 14행시도 하나 보이네요.

가자꾸나!
나도 따라간다. 아름다운 봄날ㅎ
다들 함께 우리의 보금자리로!
라라라 노래 부르며
마주 보는 눈빛 따스한 손길ㅎ
바리바리 총총이며
사뿐사뿐 가볍게
아지랑이 피어오르는 언덕너머
자! 우리 가자!
차가운 마음 따뜻하게
카! 옆에 막걸리통도 하나 차고
파릇파릇 돋아나는 새싹도 보며
타는 듯한 햇살 온몸으로 받으며
하늘을 바라보고 우리 함께 가자!

문상영이 "집현전학사" 5행시로 표현한 학창시절의 밀월여행에 본인이 아직도 청춘인 듯한 멋진 감성이 돋보입니다.

집 떠나 단둘이 밀월여행가니
현기증 날 정도로 아찔한 기분
전율을 느꼈던 그날 밤
학창시절 그때가 좋았지
사랑해 자기야˝ 오 늘 또 말해본다

문상영 본인은 "아부 차원에서"라고 애써 표현하지만, 사랑이 담겨 있는 마눌님께 바치는 "홍익인간" 사행시도 멋진 라임을 가진 시입니다.

홍조 띤 뽀얀 얼굴이 이~~~뽀
익숙한 마눌 얼굴인데도 이~~~뽀
인기 없는 얼굴인데도 이~~~뽀
간들어지게 웃는 미소도 이~~~뽀

짤막한 글들로 멋있게 표현한 문상영의 "용비어천가" 5행시도 있는데요,

용팔아!
비켜!
어딜 감히!
천벌 받을놈!
가! 집에!

본인의 말로는 용팔이가 뒷집 똥개이름이라고 기재하고 있습니다.
그 다음에는 배길환공의 좋은 시들이 눈에 띕니다.
감성이 풍부한 배길환의 "하늘이 그대를 속일지라도"의 11행시가 보입니다.

하늘하늘거리는 그대 모습 너무 아름다웠소
늘 민낯으로 거리를 활보하는 모습도 아름다웠소
이보다 아름다운 당신을 본 적이 없소
그러나 세월이 많이 흘렀구려
대역을 써야만 감추어지는 그대의 모습이 많이 변했구려
늘상 모든 사람들에게 있는 일이니 실망하지 마소
속고 속이며 사는 것이 세상의 속성일지라도
일도 열심히 하고, 사랑에 미쳐도 보고 살아 갑시다
지금은 옛날의 꿈이 허상에 불과하였더라도
나 지금 현실에 만족하며 살아가고, 눈가에 주름살 늘어가고 뱃살 나온다
할 지라도
도처에 살랑거리며 인간에게 아름다움을 선사하는 코스모스처럼 살고 싶구
려

그리고 배길환의 "언 체로 서있는 눈사람처럼"을 운으로 하는 11행시도 보입니다.

언제나 학처럼 고고하고
채석강 주름살 연륜처럼
로얄티 넘치는 인품일세
서로가 서로를 의지하고
있어도 없어도 도와가며
은처럼 새하얀 기품일세
눈이여 눈이여 첫눈이여
사람을 즐겁게 하는구려
람세스 왕같은 성품일세
처음의 상태로 돌아가서
넘치는 사랑을 베푸소서

이번에는 배길환이 "닭 모가지를 비틀어도 새벽은 온다"의 운으로 쓴 14행시가 글자수를 맞춘 격시 형태로 쓰여있는데, 간단하면서 느낌이 잘 표현되어지고 있는 것이 보입니다.

닭대가리 씹어먹고
모가지를 먹고나도
가시지가 않는구려
지혼자서 잘낫다고
늘어지게 개똥철학
비실대며 걸으면서
틀렸다고 말안하네
어줍잖게 읊으면서
도사인척 의기양양

새벽에도 씹어대고
벽두부터 마이동풍
은은하게 외쳐대는
온세상의 침묵들을
다시한번 들어주오

배길환은 행시를 쓸 때도 8글자 격시를 좋아해서 8자 격시로 된 글들이 여러 개 보입니다.

<비내리는 호남선>

비가오네 비가와요
가을하늘 맑은곳에

내님인가 니님인가
살랑살랑 다가오네

리트머스 종이위에
퍼져가는 그대모습

은은하게 풍겨오는
그대향기 감미롭소

호숫가에 피어오른
아침안개 누구인가

남남인가 동체인가
깊은연못 그윽한향

선녀처럼 다가오는
그대모습 그립구려

밴드에서 정연태와 배길환이 의견이 달라서 여러 번 티격태격 했었는데, 친구들이 중재하여 서로 화해하기로 하면서 "정연태 배길환"의 6행시로 배길환이 직접 쓴 시도 있습니다.

정들었네 정들었소
연모하는 마음으로
태어나서 처음이오
배길환이 좁은마음
길바닥에 내려놨소
환한웃음 웃으면서

이렇게 글을 올리고 나서 "나의 진심이오. 양재천변을 걸으면서"라는 코멘트를 남기고 간 것이 인상적입니다.

늘 후원해주고, 교훈이 되는 좋은 글들을 많이 올려주던 김연수가 빠지면 안될 것 같아서 김연수의 글도 찾아보았습니다.
다음은 김연수가 쓴 글 중 일부를 발췌한 것입니다.

"세상은 우리의 마음이 투사된 세계이며 우리의 마음자세와 태도는 세상에 나를 뿌리고 미지의 결실을 만나는 씨앗이기 때문입니다. 사람은 식물처럼 더 많이 자라나고 꽃피워지며 향기날수 있습니다."
그 안에서 향기 나는 시제인 "세상은 마음이 투사된 세계"를 선택하여, 김연수가 쓴 글의 일부를 살짝 손을 대어 11행시로 만들어 보았습니다. 앞쪽에 어색하지 않을 정도의 접두사나 미사여구만 넣었고, 어떤 행은 자연스럽게 그냥 맞아 들어가서, 글의 내용은 전적으로 김연수의 글을 그대로 살린 겁니다.

세상 삶에는 이것만이 가장 옳다라는 레시피가 없으며
상상하여 창조하고 표현하는 만큼
은근히 누리고 맛보는 요리 같은 것 입니다.
마음대로 현실에 안주하지 마시고
음악을 듣듯 내 삶을 다양하게 깊이 도전하고 느끼며
이렇게 매일같이 다른 요리를 만들어 맛보세요.
투지의 불꽃을 매 순간 가슴속에 타오르도록 일으키고
사랑을 더 많이 느끼며 사세요....
된 사람의 삶을 제대로 깊이 누리는 것이며
세상에서 가장 건강한 종교와 신앙생활을 하는 겁니다.
계속해서"까르페 디엠!", 최선을 다해 삶과 향기를 창조합시다.

그리고 이광순이 부탁해서 "김연수"로 삼행시로 이름 시조를 한 수 썼던 기억도 남아 있네요. 여기에 어울리는 시조인 것 같네요.

김연수는 생각 깊고 사색하기 좋아하네
연한 커피 한잔 들고 창밖 보며 사색에 잠겨
수많은 머리 속 생각 차례차례 풀어내네

이충노는 김연수가 회사 신년사에서 썼다는 "나무처럼 버티자"를 "버텨서 나무 되자"로 바꿔서 그것을 주제로 본인의 여러 다행시 속에 인용하였다고 밝히고 있습니다.
"너 자신을 알라"의 6행시는 자기자신을 아는 황산의 소나무가 어떤 일이 있어도 자기 자리를 묵묵히 지키고 있는 모습이 빗대어 표현함으로써 이곳 저곳 설치는 사람들에게 경종을 울리는 김연수의 영향을 받은 이충노의 멋진 시입니다.

너, 황산의 소나무- 그 중의, 영객송
자신 만이 소나무인 줄 말라!
신변을 둘러 보니 뒷산 소나무
을씨년스럽고 황량한
알까 모를까 스쳐가는 상황에도
裸木 되어 묵묵히 지켜서 있다.

이어서 쓴 "왜 나만 갖고 그래"의 이충노의 7행시에서는 그런 나무가 되고자 노력하는
자신의 내면의 모습을 가감 없이 표현하고 있고요.

왜 나만 갖고 그래

나무를 떠올린다. 버티자.
만부득이란 없다. 버티자.

갖고 있는 자가 아니라
고요히 버티는 자
그렇게 나무된 자
래(내)일도 앞으로도 나무가 되고 싶다.

김연수가 직접 다행시를 쓰지는 않았지만 여러 가지 좋은 글을 많이 올려서 김연수를 응원하면서, 김연수 글의 제목이었던 "이 삶 속에서 어떻게 살아야 하느냐?"를 시제로 제가 14행시를 썼었던 것도 보이네요.

이 세상은 아름답다....
삶은 계란을 먹으며 타는 기차
속에서 느끼는 삶은
에너지가 넘치고 즐겁다...
서러워서 울 때도 있고
어머니를 생각하면 아련하지만,
떠들고 즐기는 재미와...
게으름부리며 이불 속에서
살을 부비는 연인과의 사랑...
아이들의 재롱들에 즐겁지만
야단치게 되는 마음....
하나의 삶 속에서
느끼는 여러 가지 마음을
냐금냐금 즐기는 게 삶의 재미....

김연수가 우리 휘시향을 위해 물심양면으로 기여한 바가 많아서 순전히 내 마음대로 찾아서 정리해 봅니다.

그 다음은 김방식이 휘시향에 합류했던 시기의 글들이 있네요.
김방식이 직접 시를 썼습니다. 사진을 잘 찍고 바둑만 잘 두는 줄 알았더니 시를 쓰시는 실력도 대단한 것 같습니다. 제목이 따로 붙어 있지는 않았지만 멋진 글입니다.

바람 불면 배 타고
비오면 나무 심고
친구 오면 술 마시고
애인 오면 노래 듣고
계절이 가도 좋고
세월이 가도 좋고
이놈 저놈 편하게 불러 주는
친구 있어 더욱 좋더라

그리고 제가 환영하는 의미로 이름시조 삼행시를 올린 게 하나 있습니다.

김방식공이 올리신 불꽃 사진에 댓글로
방방곡곡에서 글이 붙어 휘시향이 되었으니
식사를 함께 하면서 시향을 나눕시다

이어서 김방식이 올린 불꽃사진이 있는데, 이해일이 "불꽃처럼 타오르다"라고 시제를 제안해서 많은 사람들이 8행시를 올렸었는데, 제가 그 불꽃사진을 모델로 8행시를 하나 썼었고, 소개하면 다음 시입니다.

불꽃 사진이 볼수록 좋네요
꽃 같은 청년들이 그 안에서
처연히 춤추고 있는 듯 해요
럼주 한 잔하고 춤추러 나와
타악기의 박자에 맞추어서
오묘한 자세로 춤추는 것처럼 보여요
르노아르의 무희보다 더 멋있게
다양한 자세들을 보이네요

그리고 "안동 군자 김방식공"으로 내가 8행시를 써서 올린 댓글이 보이네요.

안전하고 평안한
동쪽 마을에
군자와 같이 고고하고
자상한 인물이 있었으니
김씨 성을 가진
방식 공이라
식후에 마시는 커피처럼
공허함을 채워주는 친구

그 다음 김방식이 "오 내사랑 목련화"라는 제목으로 목련 사진을 올렸는데 내가 칠행시를 하나 만들어 댓글로 올린 것도 보이네요.

오 아름다운 꽃송이

내내 줄기만 있었는데
사르르 하얀 꽃망울이....
랑랑한 님의 옥구슬 같은
목소리로 흘러나오는 노래
련습할 필요도 없는
화사한 봄 노래....

그리고 김방식에게 어느 날 휘브라가 군자마을에 찾아와 즐거운 시간을 같이 보냈던 사진도 있어서 같이 올립니다.

이어서 휘시향 회원 중에 가장 믿음직한 이충노의 글들을 살펴봅니다. 지금은 수석부회장이라 당연히 열심히 기여하고 있지만, 그 당시에도 늘 보이지 않는 뒤에서 실질적으로 움직일 수 있는 동력을 제공하며, 없으면 그 조직이 무너지는 간과 같은 역할을 했다고 적혀있네요.

앞의 김연수에 관한 글에서 인용한 바가 있지만 이충노는 선비의 풍모와 지식을 가지고 있고, 해학과 재치도 겸비하고 있는데, 휘문 밴드에 올린 글이 너무 많아서 선택하는데 힘들었습니다.
일단 "미안은 무슨 미안"이라는 운의 7행시가 눈에 띕니다.

미인이 따로 있나
안 마음이 고아야 미인이지.
은근히 고운 마음이
무시기 해도 최고의 쉑시 비결.
슨다 함은 결코 외모 때문이 아니다.
미인이 따로 있나
안 마음이 고아야 미인이지.

그리고 이충노는 다음의 글에서 "여튼 보기 좋아"라는 상당히 어려운 운으로도 쉽게 쓰고 있으며, 친구들에게, 특히 김방식에게 본인의 마음을 잘 표현하고 있음이 보여집니다.

여보게들 친구, 참석해 보세
튼튼한 몸 혼자 있지 마시고
보여들 주시게 자주 얼굴을,
기쁘든 삐치든 다 괜찮지 뭐
좋아야만 친구 보는 것 아냐
아~방식공 봐서 기분 좋아^^

이충노의 "배에 살 뿐이로구나"라는 글에서는 본인의 배를 보고 처음에는 나이 듦과 흉한 듯한 모습에 실망한 듯한 표현이 보이다가 말미에 반전을 이루어 본인의 매력이라고 표현하는 대담함이 돋보이는 작품입니다.

배를 보면 전엔 섹시를 연상했는데
에(애)궂게 이제는 똥배만 두드리다
살갑게 괜히 배만 쓰다듬는다. 예
뿐 배도 있지만, 똥배도 나
이에 따라, 보기 나름으로는 육체적 삶의
로얄 층과 진배 없다는 생각에 미쳐서는,
구라 같지만 "똥배의 매력이야말로 요즘
나이에 걸 맞는 멋진 섹시 심볼이다."라고 되뇐다.

"북한 미사일을 쏘다"의 8행시에서 이충노는 당시에 북한이 미사일을 개발해서 동해상에 쏘아 남쪽을 위협하는 것을 한탄해야 하기도 하는 상황이지만, 내용을 반전시켜 미사일 쏘는 것을 남녀가 성관계 시 아무런 준비 없이 무모하게 사정하는 것에 비유하여 희화시킨 우수한 작품입니다.

북한 간나들, 건달들처럼
한반도가 조용한 것이 싫어
미사일을 날려 일을 만든다.
사정의 쾌감을 맛 보려듯이
일단은 싸고 보자 이거야.
을(얼)마나 갑갑했나
쏘니까 후련한지
다들 꿀벅지에게 덤벼 한다.

동창들이 만나는 날짜를 정해서 만나기로 한 시점에 이충노가 "십삼일 토요일 모임 확정"이라는 10행시로 3년간의 학창생활과 그 후 40년이 되는 해의 만남을 잘 표현하고 있으며, 그 모임을 기대하는 마음까지 담아서 시로 보여주는 멋진 즉흥시를 올린 것을 볼 수 있네요.

십시일반의 마음으로, 여러 동기들 모여
삼년 동창의 정, 꽃 피우리.
일순간 사십 년 세월, 스멀스멀 흘러 갔어도
토까며 웃었던 기억만 여전히
요술처럼 뇌리에 있네.
일단 모든 것 팽개치고
모임에 가서 얼굴 마주 보며
임시 귀국한 친구와 담소하면
확실히 고교 동창이 최고라
정할 순 없지만, 세상에서 이 보다 더 편할 수는 없다네.

당시 휘문 밴드에서는 이해일의 글도 찾아볼 수 있습니다. 작품이 너무 많아 대표작을 고르기가 쉽지 않네요. 특히 다행시 대표작으로는 셀 수 없이 많이 있네요. 그 중에서 몇 개를 골라봅니다. 먼저 이해일이 이정식을 생각하며 쓴 "공항의 이별 나지막히 깔고"의 운을 가진 11행시입니다.

공항에 가면
항상
의기 남아
이정식이 생각난다
별난 재주꾼으로
나만 알고 있는 것 만도
즈문 정도나 된다
막힘 없이
히히덕거리고
깔깔대며
고차원의 19금 달인..

이해일이 휘시향과 해 뜨는 동부가 같이 모이는 것을 적극 지지하면서 "동부모임 적극참여"라는 운으로 쓴 8행시가 있습니다. 운을 가진 짧은 문장들로 원하는 내용을 쉽게 표현하고 있음을 보게 됩니다.

동쪽의
부족들이
모월 모시 떼 짓는 날은
임도 보고 뽕도 따먹고
적나라한 대화와
극적인 분위기로
참신하고 신선한
여러분의 場..

낮술을 좋아하는 이해일이 쓴 "하늘구만리'라는 운의 5행시도 있습니다.

간절히 술 한잔을 생각하는 마음을 해학에 담아 짤막하게 한 줄 한 줄 운에 맞추어 쓰고 있습니다.

하늘이 어둑해지면
늘 술이 고픕니다.
구공탄 위에서 노릇노릇한
만가지 안주가 떠오릅니다.
이 공황 상태를 어찌해야 하지요?

당시에 육순이 되어 떠오르는 소회를 "일생 한 갑자 살아보니'라는 운에 넣어 이해일이 노래하고 있는 짤막짤막한 9행시도 압권입니다.

일일이 세어보니
생각나는 건 딱
한가지
갑자기 떠오르는 그녀와
잘 집의 서울을 내려다보며
살길이 막막하던
아스라이 멀었던 미래
보헤미안 자유 속에
니캉내캉 살아온 우리 둘..

글씨의 명인인 이해일이 추웠던 시절을 생각하며, "추사체와 아름다운 그림"을 운으로 쓴 10행시는 감성이 절절하게 녹아나고 있네요.

추워도 아무리 추워도
사랑하는 당신의

체온이 면전 행복해요
와이셔츠 깃에 얼굴을 묻고
아름다운 추억 속의
름름한 당신
다정했던 목소리
운다고 돌아올까요
그리운 당신의 내음
님은 왜 먼 길을 떠나셨나요..흑흑

그리고 우리 휘시향에서 활동하고 있는 이정식은 공사다망한 관계로 글은 많지는 않지만, 어디에서도 볼 수 없는 독창적인 표현으로 시선을 사로 잡는 다행시를 쓰고 있는데 친구에 대한 포용력도 대단해서 정치적인 색깔이 다른 두 친구 정연태과 배길환 사이에서 서로의 생각이 달라 언쟁을 벌일 당시에 두 친구의 이름을 가지고 6행시를 만들어서 두 친구들의 마음을 달래주고 화해하는데 도움을 주었었지요
"정연태 배길환"을 시제로 하는 6행시 이정식이 쓴 6행시입니다.

정말 정말 그립구나
휘중당의 담쟁이야...
연병장에 교련검열
엠원 소총 무거웠지...
태동하는 민주주의
우리들이 지켜냈어...

배움터를 뛰쳐나가
최루탄도 맞아가며...
길모퉁이 개나리도
우리 우정 부럽다네...
환생해서 또 만나도
함께 가자 친구들아...

위의 시를 썼음에도 풀어지지 않자 같은 시제로 친구들을 생각하는 마음으로 한 수를 더 썼습니다

배랑사과 너만 먹냐
먹구싶따 한 입 주라 ㅋㅋ
길동무야 어서 와라
이거 몽땅 너 먹어라 ㅎㅎ
환절기에 감기조심
비틴민씨 섭취해라 ㅎㅎ

정말 나는 배부르다
내 친구야 너 먹어라 ㅎㅎ

연기하냐 나는 안다
너도 배가 고프단 걸 ㅠㅠ
태산만한 우리우정
서로 위해 양보하네 ㅎㅎ

어릴 적의 동무들을 연상시키는 좋은 시이고, 이 시 외에도 많은 친구들이 같은 시제로 여러 번의 댓시를 올려서 결국은 배길환의 화해시가 나오게 되었고, 그 사실을 모르고 있었던 정연태도 나중에 보고 미안하다고 사과하는 훈훈한 일이 있었습니다.
한번은 이정식이 회사를 이전해서 축하해주기 위해 모여서 즐겁게 이야기했었는데, 이전한 회사의 번개 모임을 기념하는 "이정식"을 운으로 한 삼행시조를 내가 쓴 것도 보이네요.

이십일 개 자격증 주는 이정식 회사 ANC에
정철 상영 충노 해일 번개로 함께 모여
식사도 같이 하면서 세상 이야기도 하네

이후 우리 휘시향에서 안동 군자마을 김방식을 만나러 여행을 갔었지요. 거기서 수연이라는 시골 여가수와 함께 노래도 하며 즐거운 시간을 보냈습니다. 당시 이정식이 김삿갓도 부러워하는 시인이 되어 "안동군자마을"을 운으로 6행시, "후조당"을 운으로 3행시,
"수연낭자 김방식"을 운으로 7행시를 만들었답니다.

이정식이 쓴 다행시를 차례대로 보면 "안동군자마을" 6행시는 다음과 같습니다.

<안동 군자 마을>

안녕 친구들아
동에번쩍 서에번쩍
휘시향이 뭉쳤다네
군자마을 봄내음에
살며시 눈감으니
자연스레 시 한수가
소근소근 모락모락
마음에서 마음으로
휘시향이 하나되니
을밀대의 김삿갓도
부럽단다 휘시향이...

"후조당"을 시제로 쓴 이정식의 3행시는

후둑후둑 여우비가
후조당을 적셔주니
조록조록 빗물받이
조잘조잘 노래한다
당황스레 빨래걷는
당숙모님 덩실덩실

인데, "후조당"은 군자마을을 대표하는 별당 건물입니다.

"수연낭자 김방식"을 운으로 쓴 청천 이정식의 7행시를 보면

수놓은듯 아름다운
군자마을 가을저녁
연꽃같은 하얀미소
목소리에 담겨있네
낭낭하게 다가온다
아침햇살 멜로디여
자진모리 장단처럼
기타소리 신이난다
김이모락 군고구마
막걸리와 어울리니
방끗방끗 후조당에
사랑가득 웃음가득
식상했던 나의일상
그대덕에 즐거워라

인데, 말미에 "이 7행시를 시골가수 수연님께 드립니다."라고 썼네요.
이 시도 이정식의 리듬과 해학이 담긴 스타일을 잘 보여주고 있는데, 여기에 19금까지 더하면 어디에서도 볼 수 없는 독창적인 표현으로 모두의 시선을 사로잡는 다행시가 되지만, 여기서 보여드릴 수가 없어서 미안한 마음이 듭니다. 그럼에도 보시기를 원하시는 분들은 휘문 67회 밴드에서 찾아서 보시기를 바랍니다.
이정식과 같이 휘시향 멤버들이 모여서 찍었던 사진 한 장도 여기 둡니다.

위의 사진은 십년 전 사진이어서 다들 젊어 보이네요. 이 글은 10년 전의 휘문 67회 밴드에 있는 아주 초기 휘시향의 글들을 정리한 것입니다.

휘시향 친구들과 시제를 따라 짓는 행시 놀이

일찍이 고인이 된 정철이 밴드에 글을 올리면서 조금 복잡한 시제의 행시들이 활성화 되었다. 우선 정철의 글을 보기로 하자.

<스핑크스의 코를 누가 납작하게 만들었나?>

이집트의 거대한 조형물인 스핑크스의 코는 주지하듯이 코가 깨져 납작하게 되어있다. 그럼 대체 누가 스핑크스의 코를 이 지경으로 만들었는가?
흔히들 말하기로는, 1798년 혈기 넘치는 29세의 프랑스군 총사령관 나폴레옹이 이집트를 원정하면서 포병장교 출신인 나폴레옹이 스핑크스의 코를 표적으로 대포를 발사하도록 명령했기 때문이라고 널리 알려져 있다. 사실일까? 그런데 나폴레옹이 이집트로 향할 때 5만 명의 군사 이외 지리학자, 식물학자, 엔지니어, 수학자, 지질학자 등 학자들을 무려 167명이나 대동했다는 것은 무얼 의미하는가. 그는 프랑스의 문명을 이집트에 전파하고 이집트에 대한 지식을 축적하는 것도 중요하다고 생각한 게 분명하다.
이를 뒷받침하는 건 3년에 걸친 탐사와 연구의 결과물로서 전부 20권에 이르는 방대한 자료집이 완성되었고 또한 역사적으로 가장 빛난 성과인 로제타석(ROSETTA STONE)을 발견하고 이 성각문자(HIEROGLYPH)를 해독, 이집트의 민중문화를 이해하는데 결정적 도움을 준다. 현재 이 로제타석뿐만 아니라 당시 나폴레옹이 이집트에서 취한 5천점 가량의 유물 중 99%가 대영박물관에 소장되어 있으니 나폴레옹의 군대가 영국군에게 패했기 때문..........
군대의 사령관이면서 유물등 역사적인 자취와 흔적을 충분히 존중한 나폴레옹이기 때문에 그가 대포를 쏘아 그의 위용을 드러내려고 스핑크스의 코를 납작하게 만들었다는 세간의 속설은 이치적으로 맞지 않는다고 본다.
우연히 결정적 단서를 발견하곤 흥분하게 되니 하나의 그림이 이를 뒷받침한다. 덴마크의 탐험가 프레데릭 노르덴이 1755년 그린 그림을 보면 이미 스핑크스의 코는 납작하게 되어있었다.

즉, 나폴레옹의 원정보다 40년이나 앞선 시기에…또한 15세기 이집트 역사가 알 마크리지의 기록에 의하면, 1378년 이슬람의 수피 열혈 신도인 무하마드 사임 알 다르의 명령으로 스핑크스의 코가 훼손되었다고 한다. 聖像을 부정하는 수피즘의 입장에서 볼 때 코가 우뚝한 스핑크스가 신앙의 대상으로 여겨진다는 자체가 불만이다. 무너진 코 주위에 끌 자국이 발견된다는 사실은 이를 뒷받침하는 것 같다. 남자가 끌리는 가장 매력적인 여자는 콧대가 높은 여자다. 이는 나폴레옹의 대포로도 무하마드 사임 알 다르의 끌로서도 다루기 어렵다. 오직 무관심과 무대응 만이 그녀의 코를 납작하게 만드는 길임을 깨닫고 절대로 애걸복걸하거나 관심을 보이지 말지어다. 이는 그대를 파멸의 수렁텅이에 빠뜨리게 하는 악의 근원일지니.

이 글을 보고 이해일이 "스핑크스 앞의 보나파르트"라는 시제로 11행시를 지어보자고 했다. 당시에는 너무 시제가 길어서 아무도 쓰는 사람이 없었다. 그래서 내가 지은 시가

<이 정도면 코가 납작해질까?>

스위트한
핑크무드속에
크나큰 쾌감이
스며들어가도록 해서
앞에선 남자의
의젓한 거시기를
보고 만지다가
나중에는 몸에
파묻고는
르르르 떨며 혼을 빼가는
트릭을 가진 요물

다들 그 정도의 길이에는 쉽게 적응하지 못하여, 우선 적당한 시제로 4행시를 써보기로 했는데, 이정식이 어머니를 그리워하는 기막힌 감성으로 "고무인형" 4행시를 썼다.

고향 내려가야지 추석인디?
무얼 타고 가나 길 막히는디?
인력거에 노모 모시고 뛰어 갈까나?
형님이 살고 계신 고향 땅으로.....

그 다음 최경근의 "개성 만발" 4행시로 휘시향의 행시놀이를 빗대어 썼다'

개성 넘친 삼행시에 모두가 흠뻑 빠졌구려..
성격과 학식이 글 속에 은근히 숨어 있네..
만반의 준비와 참신한 아이디어로
발전적이며 재미있는 글 계속 보여 주시길..

점점 재미를 느끼던 휘시향 회원들은 우리의 영원한 시제 "휘문고등학교"로 6행시를 쓰기로 했다. 내가 첫 글을 썼다.

휘황찬란한 솜씨를 가진
문재들이 엄청나게 모여있던
고등학교임에는 틀림없어
등장하는 친구들을 보면
학교 다닐 때는 드러나지 않았던
교복 뒤에 숨어있던 수많은 인재들

그리고 김점배가 이어서 6행시를 올렸다.

휘황찬란한
문장을 뽐내며
고식한 그대들
등용문을 통과한 인재들처럼
학문이 높고 수려하나
교만하지 않는 인생들~~

내가 답시로 다시 이어서 썼다.

휘문고등학교는 참으로 멋진 학교
문학을 좋아하는 멋진 친구들이
고급스런 삼행시를 주고 받으며
등장하여 글을 올리는 친구마다
학식에 깊이가 있고 겸손이 보이며
교양이 있어 상대 모두를 존중하네

그 다음은 이해일이 올린 6행시이다.

휘두르는 몽둥이에
문고리 잡고 버티다
고문 비슷 역경을 이겨내어
등짝도 맞아가며
학교를 졸업하니
교만함이 사라졌도다

지난번 "휘문 졸업 50주년"의 8행시 백일장에서도 장원을 했던 이충노가 이어서 올린다.

휘문의 뿌리 깊은 빛나는 문화
문인이 용호처럼 계속 숨겨져
고아함 부단히 이어 내려오니
등고자비 바로 여기 피어있다
학문의 즐거움도 취하게 하나
교류의 즐거움엔 못 미치리라

이렇게 이어서 쓰는 행시 교류의 즐거움을 잘 표현하고 있다.
그리고 이어져서 2015년의 추석이 가까워졌다.
내가 "한가위"로 삼행시 평시조를 하나 올리면서, 모두 즐거운 명절이 되시기를 바랍니다 라고 시작한다.

한 반도의 추석은 하늘에 감사하는 날
가 족들이 같이 모여 음식을 나눠 먹고
위로는 조상들, 아래론 자손들 생각하는 날

이충노가 한가위 겹행시로 잇는다. 이른바 삼겹행시이다.

한 해 두 해 너덧 해 지나 어느새
한평생
가엾어라 그대,
가벼운 사람 만나 평생 끊임없이
위난을 피할 수 없었으니
위대함은 또 다른 그대 이름입니다.

다음 시제는 "명량대첩"이 올라왔다.
이충노가 4행시와 겹4행시로 잇는다.

명월은 강남제일루의 으뜸
량갓집 규수로 본래 아버지가
대감이었으나 역적으로 몰락
첩처럼 대하지는 마시길

명월의 성은 량이요 소속은 강남
명월루.
량가집 규수로 총명 재기
량문이 몰락하자
대담하게 과거 잊고
대화와 정성으로 본업에 충실하니
첩첩히 많은 한량 기다려도
첩처럼 대하지는 않는다네

김기수가 4행시로 이어 올린다.

명월이면 이조시대 황진이의 기명이네
량갓집 규수는 아니었지만
대단한 기생 중에 기생으로
첩이라 하면 조선조 선비들이 반발할 듯

새로운 시제가 올라왔다 "눈물젖은 두만강"이었다.
제일 먼저 김기수가 운 하나를 살짝 비슷한 글자로 바꾸며 썼다. 그리고 이렇게 약간 삐딱한 다행시를 "해학 다행시"라고 명명하기로 했다. 그런데 계속 쓰면서 안 사실이지만 일부러 이렇게 쓰기는 쉽지 않다.

눈시울이 붉어지는 청년실업
물색 없는 관치주도 실업대책도
젖을 먹는 아이 때를 벗어나서
은연중에 국민공감 얻어내고

두려워할 줄 아는 정책의 구현 필요
만족스러운 대책이 되지는 못해도
강, 정도를 걷는 편법 아닌 대책 필요

"어느 탈북 도강 연인의 헤어짐"을 안타까워하며 이충노가 잇는다.

눈물을 참으며 너를 두고 가야 하는 네 눈
물 속에 비친 나는, 네 얼굴을 쓰다듬으며
적당한 시기가 되면 너를 부르겠다 라는
은밀한 여운의 속삭임을 네 귓가에 남기곤
두려움도 잊은 채, 아쉬움을 가슴에 담고
만강의 차가움 속으로 뛰어 들었다
강도 내 눈물 되어 통곡하며 흘러갔다

그 다음은 감성이 풍부한 김유가 썼는데, 다들 수작이라고 호평한다.

눈물 없는 사람이 어디 있으랴.
물 새 우는 강가에 서서
젖은 눈으로 산하를 내려본다.
은연중 지나간 건 세월이었구나.
두레박을 던져 넣어도 세월은 깊지 못한다.
만공에 흐르는 구름이 어찌 이 심정을 알리.
강물과 하늘이 어우러져 홀로 심정을 비탄케 하는구나.

그 뒤를 이어 이번에는 제대로 된 7행시로 김기수가 이어간다.

눈 흘기는 아낙의 눈길 끝엔
물 만난 고기처럼 뛰다니는 아이
젖먹이를 등에 업은 그녀에게
은근히 부담이 되는 짐을 이고
두만강을 건너가는 그들에겐
만주벌판 황량함이 그런대로 희망인 듯....
강 너머 두고 온 산천, 아쉬운 고향일세...

이어서 같은 시제로 문상영이 올린다.

눈망울이 예쁜 그녀 `
물론 온 몸이 다 예쁜 그녀 `
젖살이 뽀송뽀송한 발그레한 뺨 `
은연중에 내게 왔다 가버린 그녀 `
두어 발짝 떨어져 봐도 예쁜 뒷태 `
만약 그녀가 멀리 떠나버린다면 `
강 건너 바다 건너 어디라도 찾아가리 `

그 다음은 이해일이 이어 쓴다.

눈 내리는 개울가에
물은 계곡 따라 흐르고
젖은 잎사귀는 햇볕을 받아
은빛으로 촉촉한데
두견새 우는 소리
만산첩첩
강을 따라 퍼져나가는구나..

그런데 쓰면서 점점 실력이 늘어서 멋진 시들이 자연스럽게 나타나게 됨을 다들 느끼고 다 같이 탄복하게 되었다.
그 다음 시제는 "가나다라마바사" 7행시이다. 이제는 누구든 쓸 수 있는 경지가 된 것으로 보이며, 새롭게 합류해서 안병오가 한 수 올렸다.

가노라 삼각산아 다시 보자 한강수야
나의 젊은 시절 이해할 수 없었던 싯귀
다시 입 속으로 읊어보니 조금은 알 것 같네
라~ㄹ 라 랄라 라라라~ 노래하던 어릴 적
마음 속에는 헤어짐과 다시 만남의 느낌이 없었지만
바람과 같이 홀가분하게 흘러가며 남겨 두었던 삼각산과 한강수
사랑하던 모든 것과 함께 보고자
돌아갈까 도오라가 가서 한데 얼려 옛날같이 사알고 지고
이어서 정철도 올렸다.

가로수 그늘 아래 떠가는 듯 그대 모습
나 잊으려 찬비 내리는 날 낙엽처럼 떨궜건만
다만 가을 겨울 한번 가고 오직 봄 왔을진데
라일락 꽃 향기 흩날리니 홀연히 떠오르는 그대 모습
마음 속 깊은 곳서 아련히 피어나는 그녀의 진한 향내
바다처럼 검푸른 색 다만 슬픔 차장가에 가두리라
사랑의 기쁨은 어느덧 사라져 아픔만 남았건만
아 이렇게도 아름다운 사랑의 슬픔이어라

그리고 김기수가 이어 올린다.

가르치는 것을 좋아하는 환경지킴이 정용원
나름대로 삶을 즐기며 글쓰기 좋아하는 이해일
다같이 함께 모여 노는 것 좋아하는 이충노
라라라 노래부르는 것을 즐기는 휘브라 이광순
마음을 갈고 닦는 것을 좋아하는 김연수
바다건너 있으면서도 여기를 사랑하는 김유
사랑이 넘치는 우리 모든 친구 휘문 동기들

그 다음은 문상영이 7행시가 싱거워 "자차카타파하"를 포함해서 14행시를 올리는 기염을 토한다.

가자꾸나!
나도 따라간다. 아름다운 봄날˵
다들 함께 우리의 보금자리로!
라라라 노래부르며
마주 보는 눈빛 따스한 손길˵
바리바리 총총이며
사뿐사뿐 가볍게
아지랑이 피어오르는 언덕너머
자! 우리 가자!
차가운 마음 따뜻하게
카! 옆에 막걸리통도 하나 차고
파릇파릇 돋아나는 새싹도 보며
타는듯한 햇살 온몸으로 받으며
하늘을 바라보고 우리 함께 가자!

다음 시제는 "울고넘는 박달재"의 7행시이다.
김기수가 올린다.

울고 넘는 박달재에 얽힌 사연을
고 사이에 한번 찾아보니 박달도령이 과거 보러
넘어갔던 고개로 금봉낭자가 기다리다가
는 시간이 점점 길어져서 실망하여 자살하고
박달도령이 과거 낙방하고 돌아온 후
달밤에 금봉낭자 환영을 보고 쫓아가다
재 너머 절벽에 떨어져 죽었다는 안타까운 이야기

이충노가 시 한 수에 만족하지 못하고 2수를 연시로 올린다.

울고 넘는 박달재를 생각하면, 친구의 "이
고개를 수도 없이 넘었지" 하던, 박달재를
넘어 가는 밤차 안에서의 말이 떠오른다. 고개 넘
는 차가 구불구불 거리며, 당시 연고 없는 우리를 싣고
박달재를 넘어 검은 밤에 스산하면서도 편안히 함께
달릴 때, 친구의 이 말은 인연을 또는 운명을
재삼 각인시켜 주었다.

울어라 실컷 울어라
고민도 맺힘도 풀어지리
넘나드는 흰구름처럼, 보이
는 들꽃의 자연스러움 같이

박절함은 내던지고 저 고개로
달려 올라가 하늘을 우러러보며
재를 넘어 가자

그 다음은 이해일의 7행시가 잇는다.

울다가 울다가
고해의 바다를 지나면
넘기 힘들었던 고통스런 세월을
은은한 눈빛으로 반추할 즈음에
박정한 인생을
달관한 눈빛으로 바라보자
재ㅅ빛 하늘 걷힐 때까지..

이제는 다들 실력이 엄청나게 향상되어 12행시의 "잘 집의 서울을 눈 아래 깔고서"라는 휘문고등학교 교가에 나오는 문장을 시제로 가기로 했다.
김기수가 한 수를 써서 시작을 했다.

잘 모였다, 다사모 친구들
집을 밴드 속에 장만하여
의로운 친구들을 모아서
서두르지 않고 하나하나 왔지
울고 싶은 때도 있었고
을미도 연안부두 소주 한잔하고

눈 덮인 겨울에 갈 곳도 없어
아무 곳에나 기웃기웃했는데
래일을 기약할 수 있는 여기 모여
깔깔거리는 이 순간이
고생한 보람일 수도...
서로를 위한 미래일 수도...

그 뒤를 이해일이 이었다.

잘 들어 갔을까?
집이 무척 먼 그녀는
의지 가지 없는 고아
서로의 눈빛에 사랑을 담으면서
울의 휘황한 네온거리
을지랭면 한 그릇 말아먹고
눈 내린
아스팔트를 걸으며
래일의 꿈을
깔판처럼 펼쳐본다.
고생하며 쓴 다행시가
서서히 이상하게 마무리된다

다시 김기수가 이어서 썼는데, 어디서 들었던 스토리인데 운에 맞추어 담아보려고 해 보았다.

잘 생긴 노신사가
집에 가는 길에
의리 있게 날마다
서울 변두리 호떡집에 들러
울상인 호떡아줌마에게
을마에요? 물었구마...
눈 크게 뜨고 천원이라니까,
아무런 호떡도 안받고 돈만 두고...
래일도 또 그 다음 날도, 크리스마스 날까지...
깔끔한 과부 아지매는
고 만큼에 만족하지 않고
서둘러 따라가서 "올랐다고요" 했다네요

그 뒤를 이충노가 잇는다.

잘 있어라
집에 있는 가족과 항상
의좋게
서로서로 보듬고 간혹
울화통이 터질 땐
을녀집에 가서 그녀와
눈 오는 거리를 나서
아현동의 호떡 맛있는
래래반점에 가서 눈
깔고 을녀와 수다 떨며
고소한 호떡과 차를 먹거라
서양에서 돈 벌어 돌아오마

그리고 다음 시제인 "경국지색 화중지병" 팔행시로 넘어갔다.
나는 사실 그때 중국 시안에서 국제 복합재료 컨퍼런스가 있어서 참석하고 있었는데, 이 시제가 올라와서 그 상황에 맞추어 연시를 적어보았다.

경사스런 오늘저녁
국제모임 있었었네
지역별로 따로모여
색깔별로 앉았었지
화장을한 예쁜여인
중국서온 멋진남자
지중해에서도 왔고
병아리인 나도참석

경국지색 아름다운
국제미인 만난자리
지나가며 눈에띄네
섹시하게 빠진몸매
화사하게 웃는얼굴
중앙에서 마주보고
지혜로운 대응으로
병을따서 한잔같이

그리고 이충노가 같은 시제에 맞추어 잇는다.

경사진 호젓한 산길
국지에 핀 노란꽃 한그루

지나치는 발걸음 멀어져도
색깔의 울긋불긋 보다 편안하다
화려한 백합
중앙의 매화
지천의 들꽃은 꽃도 아닌 양 고귀함 뽐내도
병 속 꽃, 방안 꽃. 어찌 들꽃에 비하리

며칠이 지나서 시제가 바뀌었다. "백석의 여인" 5행시였다.
나는 단순한 5행시가 조금 싱거운 듯해서 겹오행시로 한 수 써 보았다.

백마를 탄 남자를 만나
백 번의 사랑을 나누고
석식을 같이하며
석별의 정도 같이 나누고
의리 있게
의미 있는 시도 한 수 써 주지....
여유가 있는
여인은 화답하여 가로되 천억도 아깝지 않아...
인기가 있는
인간이라면 한번 해봄직한 사랑

백러시아를 가 보았던 정용원이 이었다.

백러시아의 미녀들을 아시나요
석류 속 같은 붉은 입술 새 하얀 피부
의식하지 않으려 해도 애써 참을수록
여인의 농염한 향기는 내 몸 속으로 파고드네
인간 백석이 사랑한 나타샤가 이런 여자인가보다

이충노가 이어서 오행시를 쓴다.

백번 다시 태어나도
석! 그대만이 내 남자. 추호도
의심 없이 나는 그대의 여인.
여자의 삶이 별거 있나요
인간 사이 사랑이 최고이지요

그 후 이해일도 따라서 쓴다.

백송이의 장미라도
석연치 않은 이 마음
의문점 투성이
여인의 변심
인제는 믿어도 좋을까..

시제가 "되찾은 우리들의 40년"으로 올라왔다. 이충노가 가장 되찾고 싶었던 것이 수학여행이었는지 먼저 "잊혀진 수학여행"으로 7행시를 읊조리고 난 이후에 "되찾은 우리들의 40년"의 10행시를 올린다.

잊혀진 기억 속에서
혀가 닳도록 외쳐댄다
진짜 잊은 것인지?
수학여행은 이렇게 오래도록 우리를 기다렸다.
학수고대하던 수학여행이 현실이 되었을 때
여행의 오랜 한맺음에 끝내 소리친다
행복한 수학여행이 되었도다.

되게 힘들게 꺼내어
찾아 본 우리들의 수학여행
은 드디어 현실로 이루어졌다
우리들이 당년의 고딩은 아니나
리성이 아니라 감성적으로 이미 우리
들은 "노래하고 춤추는"
의식은 그 시절로 가있었다
40년 그 기나긴 세월도 한 순간이었다.

그 뒤로 김기수가 "되찾은 우리들의 40년"으로 10행시를 이었다.

되짚어 보면
찾아 헤매고 다녔던
은빛 무지개를 닮은
우리들의 젊은 시절
리유를 막론하고
들에 뛰어다니며 쫓아다녔던
의미를 부여하기 힘든 세월
사물에 담긴 의미는 알 수 없지만
십자가에서 부활이 일어나듯
연단의 어려움 속에 희망의 의미가

이후 "메밀꽃 필 무렵"의 6행시 시제가 올라왔다.
이해일이 가장 먼저 썼다.

메마른 얼굴에
밀가루 분칠하여
꽃단장 한들
필연코
무시무시한
렵기적인 모습

이 "메밀꽃 필 무렵"이라는 6글자 시제는 길이가 짧아, 별 어려움 없이 쓸 정도로 실력들이 향상되어 여러 편의 시가 올라왔다.
그 다음은 정용원이 같은 시제로 2연시를 올렸다.

1.
메기의 추억
밀양 아리랑
꽃순이를 아시나요
필링 소 굿
무시로
엽서 아니 편지는 7080 제 노래방 애창곡들입니다.

2.
메랑꼬리했던 그해 겨울 사랑의
밀어가 담긴 편지를 불쑥 보내 내 마음을 뒤 흔든
꽃 같았던 그니
필설로 표현하기에는 너무 고귀한 그 기분
무얼 하고 있을까? 지금 그니는
엽서를 꿈속에서 그녀에게 보내련다

그 뒤를 이충노가 잇는다.

메쳐지고 깨어져도
밀밭으로 가야 한다
꽃이 아닌 나무처럼
필 받으면 꼿꼿 세워
무소같이 거침없이
옆이 아닌 가운데로

그 다음 이정식 잇는다.

메리 성탄 다가온다
아니 벌써 연말이야 ㅠㅠ
밀려놨던 할 일들이
태산처럼 쌓여있어 ㅠㅠ
꽃을 봐도 감흥 없고
스트레스 만땅이야 ㅠㅠ
필로폰을 꽂아볼까
대마초를 물어볼까 ㅋㅋ
무얼 해도 소용 없따
딱 한가지 방법만이 ㅎㅎ
렵기적인 그녀하고
소주 한잔 빨면 특효 ㅎㅎ

그 다음은 김기수의 시가 이어진다.

메로나 하나 나누어 먹으며
밀당하던 그런 시절이 있었지
꽃다발을 주면서 사랑을 고백하고
필을 느껴 그녀의 손을 잡고 같이 걸었지
무지랭이 같은 나에게 신이 보내주신
엽서인 것처럼 사랑이라는 소식을 담고 있었지

다음은 다들 기억에 남아있을 정연태와 배길환의 에피소드이다.

사실은 정치적인 성향이 달라서 역사교육에 대한 약간은 편향적인 사람의 유튜브를 정연태가 밴드에 올렸고, 거기에 배길환이 댓글을 달면서 시작되었다. 글을 올린 정연태는 아무런 답변이 없고, 배길환은 답변이 없음은 본인을 무시하는 것으로 생각해서 더더욱 화를 내고 있었다. 그런데 주변에서 보기에 너무 답답해서 화해를 하라는 의미에서 휘시향에서 "정연태 배길환"이라는 시제를 제안했다.
안병오가 시를 올렸다.

정적과 고요함을 깨뜨리고
연기처럼 조용히 피어오르는 새 생명
태아의 모습으로 시작된 각각의 생명은 운명처럼 주어진 휘문이라는
배를 같이 타고 미래를 꿈꾸었지 그 동안 서로 다른
길을 걷고 다른 생각을 하여도 영원히 지울 수 없고 미워할 수 없는 것은
환갑이라는 세월 뿐 아니라 친구이기 때문 아닌가?

그 다음 글은 이충노가 올렸다.

정 많고 의로운 우리
연태공. 벗의 말씀은
태산 보다 무겁다네.
배타 아닌 대쪽같은
길환공 좋은 벗일세
환하게 웃을 때 봅세

둘 다 좋은 친구로 생각하고 있던 이정식이 답답해서 2편의 시를 연속해서 올렸는데, 첫 번째 시는

정말정말 그립구나 휘중당의 담쟁이야....
연병장에 교련검열 엠원소총 무거웠지....
태동하는 민주주의 우리들이 지켜냈어....
배움터를 뛰쳐나가 최류탄도 맞아가며....
길모퉁이 개나리도 우리우정 부럽다네....
환생해서 또만나도 함께가자 친구들아....

그리고 두 번째 시를 다시 올렸다.

배랑사과 너만먹냐 먹구싶따 한입주라 ㅋㅋ
길동무야 어서와라 이거몽땅 너먹어라 ㅎㅎ
환절기에 감기조심 비틴민씨 섭취해라 ㅎㅎ
정말나는 배부르다 내친구야 너먹어라 ㅎㅎ
연기하냐 나는안다 너두배가 고프단걸 ㅠㅠ
태산만한 우리우정 서로위해 양보하네 ㅎㅎ

이어서 문상영이 시 한 수를 올렸다.

정신 없이 일만 했나 봐 젊었을 땐 ˮ
연극도 이런 연극이 없었던 우리인생 ˮ 이제서야
태어나서 처음으로 맛보는 40년지기 소중한 친구들
배를 타고 같이 노 저어도 여유만만 친구들
길을 훠이훠이 같이 걸어도 여유작작 친구들
환생해도 우린 함께 가는 친구야 ˮ 사랑하는 친구야

그리고 김기수가 같은 시제로 4연시를 올렸다.

배째라 덤벼들어
길길이 날뛰어도
환장해 못살겠다
정말로 바꾸래도
연습만 수십번을
태도가 바뀌어야

정말로 사랑한다
연애를 하고싶다
태우고 어디멀리
배타고 섬까지가
길도록 같이살자
환상의 커플되어

정연태가 한잔주고
연속으로 두잔주고
태연하게 석잔주면
배길환이 한잔주고
길을내어 두잔주고
환희넘쳐 세잔주네

배터지게 같이먹자
길면길어 좋을거야
환~장을 할때까지
정녕으로 먹고죽자
연속으로 열잔먹고
태백이가 되어놀자

이어서 정용원이 6행시를 썼다.

배우고 익히면 이 어찌 기쁘지 아니한가
길을 동행한 세 사람 중 반드시 스승이 있나니
환골탈태하고 새로운 좋은 것들을 받아들여라
정말 인생의 길을 가르쳐주는 선각자들의 좋은 말이다.그러나
연극 같은 인생길 다시
태어난다면 모든 짐을 벗고 자유로운 영혼의 삶을 살고프다.

이를 계속 지켜보고 있던 배길환이 결국은 마음을 내려 놓으며,

정들었네 정들었소
연모하는 마음으로
태어나서 처음이오
배길환이 좁은마음
길바닥에 내려놨소
환한웃음 웃으면서

이렇게 시를 썼고, 나중에 그런 내용들을 보게 된 정연태가 사과하는 글을 썼다.

67회 휘문 밴드 친구들께 사과 말씀 드립니다
어젯밤 늦게까지 밴드 댓글들을 살펴보고 무슨 일이 있었는지 상황파악을 했네요
죄송하다는 말부터 먼저 드립니다
:
나를 아는 일부 친구들만 글을 본다고 생각한 게 잘못이었네요.
나를 모르는 친구들도 배려하지 못했다는 점 미안하고 죄송해요

이런 글들이 아직도 휘문 67회 밴드에 남아 있어서 보고 미소 짓게 한다.

2015년 10월 26일에 유홍림교수가 우리 휘문 67회 밴드에 이용훈 선생님께서 며칠 전에 별세하셨다는 소식을 전해왔다
"은사 이용훈 선생님"으로 추모시로 8행시를 하나 쓰고 시제를 "은사 이용훈 선생님"으로 하기로 했다

<이용훈 선생님 추모시>

은사님이신 우리 휘문고등학교 이용훈 선생님
사심 없이 늘 곧은 길을 가르치시고
이런 저런 어려운 일들을 늘 챙겨주셨던 선생님
용산고와 농구시합 후 싸움이 벌어졌을 때도
훈육하여야 할 입장이지만 학생들을 두둔하셨던
선생님의 따뜻한 사랑을 잊지 못합니다.
생명을 다하신 이용훈 선생님을 추모합니다.
님은 가셨지만 우리 마음속에 살아계십니다

정용원이 이어서 썼다.

은행잎이 세차게 떨어지는 가을날
사랑하는 제자들을 남기고 낙엽처럼 떠난 선생님
이순이 다된 제자가 눈물로
용서를 빕니다.
훈훈한 인정과 자애로운 성품의 젊은 미남 선생님
선생님 영전에
생전에 그렇게 선생님을 따랐던 제자들이
님을 위한 다행시를 눈물로 바칩니다. 선생님 사랑합니다.

이충노가 같은 시제로 쓴다.

은빛 같은 마음으로
사랑의 근원을 베풀어 주신

이 용자 훈자 선생님
용기 보다 인내를
훈훈한 미소로 실천한
선생 아닌 진정한 스승님
생의 열정을 아낌없이 쏟아주신 스승
님의 은혜 꼭 간직하겠습니다

이해일이 한 수 쓴다.

은사님이신 우리 휘문고 이용훈 선생님
사심 없이 늘 곧은 길을 가르치시고
이런 저런 어려운 일들을 늘 챙겨주셨던 선생님
용산고와 농구시합 후 싸움이 벌어졌을 때도
훈육하여야 할 입장이지만 학생들을 두둔하셨던
선생님의 따뜻한 사랑을 잊지 못합니다.
생명을 다하신 이용훈선생님을 추모합니다.
님은 가셨지만 우리 마음속에 살아계십니다

김기수가 시 한 수를 더 썼다.

은근과 끈기로 말썽장이들을 지도하셨던 선생님
사비를 털어서라도 어려운 후배를 도왔고
이런 저런 모습의 어려운 친구들에게
용기를 북돋아 주셨던
훈훈한 마음을 가지신

선배이자 스승이셨던 이용훈 선생님
생각이 납니다, 선생님의 한없는 사랑.
님의 사랑을 마음속에 꼭 간직하겠습니다

다음 시제는 박목월 선생의 시 <이별의 노래>의 한소절 "하늘 구만리"로 하기로 했다.
김기수가 올린다.

하찮은 들판의 들꽃들도
늘 아름다운 모습으로
구름과 비를 맞이하는데
만물의 영장인 인간은
이 세월을 어찌 맞아야 할까....

이충노가 이어서 쓴다.

하늘가 저 멀리 아득해도
늘상 그립습니다
구만리 날아가는 기러기에게
만리 대지 비추는 저 달에게
이 마음 실어 봅니다

이해일 또 이었다.

하늘이 어둑해지면
늘 술이 고픕니다.

구공탄 위에서 노릇노릇한
만가지 안주가 떠오릅니다.
이 공황 상태를 어찌해야 하지요?

다음은 시제가 "시애틀의 잠 못 이루는 밤"으로 다시 공지되었다.
이해일이 제일 먼저 썼다.

시간은 흘러가고
애가 탄다
틀림없이 여기 맞는데
의왕시백운호수
잠지모텔을
못 찾고
이토록 남의 애를 태우네
루구든지 오늘 걸리
는 그대와
밤새 뜨건 밤을 보내리..

김기수가 이어간다.

시시껄렁하고 가난한
애인보다는
틀니의 노신사가 더 낫다
의리가 있잖아 적어도
잠잘 때 별로 괴롭히지도 않고
못해도 참을 만 하잖아

이렇게 좋아하는 척하고
루루라라 시간 보내다 보면
는(늘어난) 재산도 생기고
밤이 지나 새 애인을 만들 수 있는 아침도....

그 다음 시제는 "무기여 잘 있거라"이었다.
김기수가 제일 먼저 쓴다.

무지무지 많지만 서로
기억조차 나지 않아도
여기 휘문이라는 이름으로 같이 모여서
잘 집의 서울의 한 복판에서
있지 않은 선생님들 이야기하고
거물도 시간을 이길 수 없음을 이야기하며
라면 안주에 소주 한잔하는 친구들...

그 다음을 배길환이 이었다.

무서워라 세상살이
기억조차 하기싫다
여기여차 휘문건아
잘집에서 잘배워서
있을곳에 있으면서
거리곳곳 휘젓고서
나라위신 세워주네

이충노가 2편의 연시로 그 다음번 글을 장식한다.

무정한 사람
기별조차도 없다
여태까지
잘 있냐는 말 한마디는
있어야 하는
거 아닌지. 정말 몰
라라. 나를 어이 잊으리

무력감
기세 좋게 돌진했는데 쪽에 피박에
여기저기 전사자가 속출이다
잘해보려 한 것인데
있는 것 없는 것
거덜났으니 너털 웃으며
라랄라 즐겁게 귀가

김기수가 한 수 더 써서 잇는다.

무기력한 남자로 남지는 말자
기력이 없어 잘 서지는 않지만
여인이 나를 보고 아름답게 웃으면
잘 서지 않던 놈이 그래도 꿈틀거려
있는 힘 없는 힘 다 내어서
거물을 만들어서 한번 하면
라랄라 하루가 그런대로 즐거워...

다음 번 시제는 "비도 오고 그래서"로 선정이 되었다.
이번에는 이충노가 1착으로 올렸다.

비가 오는 늦가을의 썰렁함
도무지 의욕이 없다.
오고 가는 바깥에서 웃음소리도 들리지만
고장 난 시계처럼 멈춰져 있다.
그래^^ 움직여 파전에 술이라도 한잔해야지
래주에는 바둑도 두고 늦가을의 정취도 가슴에 담자
서울 주변의 정겹고 멋스러운 가을 산을 찾아가리라

이해일이 두 번째로 올린다.

비가 내리는 오후
도무지 그칠 낌새도 없다
오랜만에 한적한 토요일
고즈녁한 집안
그런데..
래일 귀한 손님이 온다고 해서
서둘러 집안청소..우중상념은 개뿔..

김기수가 세 번째로 올렸다.

비 오는 날
도화지에 그리는 수채화같이

오늘의 회색하늘과 빗줄기가 어우러져
고요한 분위기를 만들고
그림과 같이 멀리 서있는 여인....
내리는 빗물이 바닥에 흐르며
서정시처럼 아름다운 하루

그 다음은 정용원의 글이 올라왔다.

비가 와도 좋은
도심의 단풍
오늘 같은 날 만추를 느끼며
고궁을 거닐며
그 시절을 그려보면 좋으련만
내일도 비가 온다는데
서울 덕수궁 돌담길의 노란 은행나무 잎을 보러 가야지

이충노가 잇는다.

비상한 사람이 비상하는 것이 아니라
도덕적이고 책임감 있는 현실 직시자
오로지 무소의 뿔처럼 묵묵히 우직히
그렇게 가는 자가 비상하는 것이라네
내 것도 네 것처럼이 아니라 공의 개념
서슬 퍼런 마음으로 하늘로 솟구치다.

김기수가 다시 또 한편을 쓴다.

비가 지금도 내린다
도움 주시는 하나님의 은혜인가 보다
오늘도 어제도 이 땅을 촉촉히 적신다
고마운 단비여서 비에 약간 젖어도 좋다
그토록 비가 오지 않아 가뭄에 시달렸다
래일도 비가 더 왔으면 좋겠다
서민들을 달래주는 비처럼 정치도 그랬으면 좋겠다

시제가 "노란 은행 나뭇잎"으로 바뀐다.
김기수가 제일 먼저 연시로 2편을 올린다.

노란 은행과 빨간 단풍나무가 어우러져 울긋불긋한 옆에
란초 한 뿌리가 아직도 파랗게 자태를 뽐내고, 그 옆
은색의 양철지붕위로 지나가는 회색 고양이,
행여 떨어질까 맘 조리며 쳐다보니,
나 혼자만의 우려인 듯, 뒤쫓아가는 하얗고 검은 물체들....
무지개 색은 아니지만 색이 다른 새끼고양이들....
잎사귀 우거진 붉은 단풍나무 사이로 달아나네...

노르스름한 고색이 나는 종이 위에
란초를 하나 치고 있는 해일공...
은은한 색으로 꽃도 하나 그려 넣고,
행간에 묘한 맛이 있는 시도 한 수...
나지막이 끄트머리엔 낙관도 찍고,
무슨 일인지, 누구에게 보내려는지 모르겠지만...
잎파리도 한 잎 따서 같이 붙이네....

이충노가 같은 시제의 7행시를 이어서 올린다.

노랗고 샛빨간 나뭇잎
란이가 입었던 새 악시 한복처럼 눈부시다
은은하고 호젓한, 낙엽이 뒹구는 길에서
행여 란이가 곁에라도 있는 듯 걸으며 행복하다
나 같은 숙맥과 달리
무척 총명하고 싹싹했던
잎새향기 란이

시제는 "비가 내리고 음악이 흐르면"으로 이어진다.
김기수가 11행시를 한 수 쓴다.

비가오는 날이면
가벼운맘 가지고
내리는비 맞으며
이곳숲길을 걷네
고요하고 잔잔한
음악처럼 흐르는
악상이 떠오르고
이쁜모습 무희가
흐릿하게 춤추는
르노아르 그림이
면면히 이어지네

이해일이 이어서 다시 한 수를 올린다.

비운의 나타샤여
가을이 가고
내년 또다시 가을이 오더라도
리유 없는 슬픔에
고민하고 괴로워 말라
음울한 세월의 그림자는
악보도 없이
이별의 노래를 부르지만
흐느끼는 너의 신음에
르릿느릿 멀리 가버린 추억은
면면히 너의 가슴에 살아있을 터..

문상영이 이어서 한 수를 다시 올린다.

비로소 깨달았네 너무나 늦었네˘
가을에 지는 낙엽처럼
내 영혼도 시들어버리고
리필 안한 빈 커피잔이 되고 말았네
고고한 한 마리 학이 되어
음율에 맞춰 춤추듯 걷다
악산골짝 맑은 시냇물에
이 한몸 씻어, 씻어내어도
흐드러진 안개꽃 그려진
르네상스 그림처럼 되고 싶었던 내 마음도 차마
면모를 드러내지 못하고 부끄러워하네˘

이해일이 다시 한 수를 올린다.

비 온 후의 산언덕 4,5월 풍광
가슴은 설레고 정신은 저절로 깨끗하다
내에는 맑은 물 흐르고
리라꽃 향기 바람에 실려 퍼져 오고
고까짓 고민이 무엇, 떨쳐 버리라
음악 보다 더 음악 같은 산새 소리
악보 없이 지저귀는 천상의 노래
이런 곳이 머물 곳
흐뭇한 미소가 피고 흐
르는 물소리 졸졸 들리
면 여기가 바로 고향이지

이정식이 운에 맞추어 다시 11행시를 올린다.

비실비실 힘에부쳐 커피한잔 먹구싶다
가진거는 모두몰아 불알두쪽 뿐이라네
내팔자는 왜이러나 모든재산 다날리고
리어카로 연탄배달 부끄러워 남모르게
고생고생 힘들지만 이젠내게 소중한일
음주가무 웬말이냐 사는것도 힘에겹다
악착같이 애써봐도 나는항상 재수없어
이게웬일? 나에게도 르왁커피 맛보라네
흐르는땀 불쌍한지 주인여자 인심좋타
르왁커피? 과분하다 나도이제 운트려나?
면도크림 넣버렸다 생크림통 옆에두고

시제가 바뀌어 "비내리는 호남선"이 되었다.
김기수가 스타트를 끊고 첫 7행시를 올린다.

비가 오는 날이면
내 마음도 우울해
리별을 생각하면
는개비 쓸쓸하네
호수를 바라보니
남아있던 모습이
선하게 떠오르네

다음을 잇는 이충노의 시는 운을 맞출 뿐 아니라 글자 수도 조절하여 사다리꼴 형상을 갖도록 한 멋진 시이다.

비정상은
내려가라. 내
리 가서 자성하라
는 것이 리더의 덕목
호감 가는 인간의 연대
남자로서의 선도력이 아니라
선무당 보다 못한 사이비 협잡

그 다음의 배길환의 시도 그가 늘 쓰듯이 8글자 격시 형태로 맞추어 써서 운만 맞는 것이 아니라 리듬(율)도 잘 맞춘 글이 되었다.

비가오네 비가와요 가을하늘 맑은곳에
내님인가 니님인가 살랑살랑 다가오네

리트머스 종이위에 퍼져가는 그대모습
은은하게 풍겨오는 그대향기 감미롭소
호숫가에 피어오른 아침안개 누구인가
남남인가 동체인가 깊은연못 그윽한향
선녀처럼 다가오는 그대모습 그립구려

그리고 끝으로 이해일의 시가 잇고 있다.

비릿한 생선 내음은
내 고향 통영의 냄새
리토록 은빛 찬란한
은갈치의 향연이여
호젓한 바닷가 둔덕
남쪽으로 길게 뻗은
선으로 이어진 다도해의 꿈이여..

그 다음 시제로는 유명한 "아웅산 수지여사"가 올라왔다.
김기수가 첫 스타트를 끊었다.

아침에 일어나
웅장한 모습의
산을 바라 본다
수려한 산세와
지형이 대단하지만,
여인의 표정에 비할 수 없다.
사람의 마음은 모든 것을 덮는다.

이충노가 두 번째로 잇는다.

아직도 끝나지 않았다
웅건장중하게 기다리마
산악 같은 믿음을 간직한 채
수많은 난관을 함께 헤쳐온
지난 세월 아니냐
여태까지 어떻게 왔는데
사랑 찾아 떠났다고 잊으리

그 다음 번의 문상영은 운만 잘 맞춘 것이 아니라 시의 형상도 멋지게 삼각형으로 맞추고 있는 7행시를 올리고 있다.

아
웅녀
산비탈
수려한곳
지하동굴속
여자로변한곰
사람들의어머니

그 뒤를 배길환이 행마다 8글자인 멋진 7행시로 이었다.

아련하게 떠오르고
웅장하고 거대하다
산보다도 넓고크고

수정처럼 맑고맑네
지혜로운 수지여사
여자라고 못할쏘냐
사나운총 뚫으소서

이해일도 짧고 간결한 문장으로 된 7행시를 올린다.

아침 햇살에
웅크린 달팽이 하나
산 넘어
수풀 속에
지극한 정성으로
여기 저기 기어 다니며
사는 동물..

다음 시제는 "안중근과 윤봉길"이다.
시제가 시제이니 만치 중국에서 오랫동안 사업을 해오면서 우국충정에 진심인 김유가 절절한 마음을 담아 첫 글을 올린다.

안고 가야지, 이 또한 조국이 아니더냐.
중간만 가거라 라는 가르침은 듣지 않기로 하였다.
근심되는 것은 의를 버리고 강한 놈의 자락만 따르는 것이다.
과업을 따를 뿐입니다 하고.
윤기 나는 얼굴로 그가 말하고,
봉투에 넣은 남은 돈을 건넸을 때
길에서 그의 마지막 모습을 보며 소리 죽여 울었다.

그 다음은 김기수가 역사를 이해하고, 안중근의사를 생각한다면 정치하는 사람들이 제대로 해야 한다는 의미로 7행시를 써서 올렸다.

안중근 의사를 생각하면
중대한 일들이 많았던
근대사를 돌아보게 된다.
과거는 지나가는 것이 아니고 거기 그대로 있다
윤리적으로까지 생각할 필요는 없지만
봉을 잡아 한 건 하려 해도 안 된다.
길이 아니면 가지 말아야 한다

그 다음은 정용원이 고구려를 생각하면서 세계강국으로 우뚝 서라는 7행시 한 수를 쓴다.

안시성에서
중국 최고의 황제 당태종의 백만 대군을
근사하게 막아낸 고구려
과거의 영광을 되 살려 후손인 대한민국은
윤택한 나라가 되어
봉건제 하의 제후국이 아닌 청사에
길히 빛날 세계 강국으로 우뚝 서리라

이해일은 같은 시제로 연시를 써서 올린다.

안녕하세요
중국에 갔더니
근사한

과일을 입에 물고
윤기 나는
봉황새가
길에서 재주를 부려요.

안으로는 깊이깊이
중간에는 지스팟이
근데 너무 깊이 가면
과유불급 본전 상실
윤택 넘친 육봉 머리
봉 대가리 저리 가라
길녀 분녀 한방 졸도

이충노가 이어서 올리고,

안이하게 왜놈 치하에서 사느니
중건하리라, 대한국인의 나라를
근본 없는 후손들을 만둘 순 없다.
과정이 힘들어도 반드시 이루어
윤택한 나라 서로
봉사하는 나라 모두
길하고 복받는 나라를 만들겠다

이정식이 마지막으로 글을 마무리한다.

안절부절 꼬리 내려 아베 신조 미치겠지?
중과부적 설상가상 니 혼자서 어쩔 건데?

근혜 누님 화나시면 너 같은 애 짹두 안되
과연 니가 시진핑에? 엉까봐야 니 손해지 ㅋㅋ
윤리도덕 빵점이지? 오바마두 버락버락 ㅋㅋ
봉창뜯는 소리그만 자다가도 가소롭다
길길이 뛰어봐야 니얼굴에 침뱉기다

그 다음으로 올라온 시제는 "연안부두 떠나는 배"로 8행시 시제이다. 이해일이 첫 번째 글을 올렸다.

연연 세세 긴 세월
안부조차 없는
부군의 소식이 궁금하다
두 사람의 인연
떠나 보낼 수 없어
나는 오늘도 망부석
는빛 파도 바라보며
배따라 내 눈길도 따라간다..

정용원이 이어서 8행시로 연시를 올린다.

연습을 해도
안달을 해도
부실하게
두서없이
떠드는 아이처럼 다행시가 되니
나날이 나른해져
는 것은

배에 살뿐이로구나

연탄불에 곱창
안주 삼아 혼자 쪼개는데
부를 친구 없어 울적 옆을
두리번 했더니 야하게
떠들던 웬 이쁜 아지매가
나 시간 많아요 하는 표정
는 건 삼행시라 얼른 삼행시
배틀을 하자며 수작을 걸었지.

그 다음은 남자인지 여자인지 모르지만 연수라는 아이를 노래한 문상영의 8행시가 이어진다.

연수라는 아이가 있었네
안 그런 척하면서도 사랑의 눈빛
부끄러운 척하면서도 사랑의 숨결
두물머리에서 우린 오랫동안
떠나가는 멀리 떠나가버리는
나룻배를 함께 바라보면서
는적는적 차 한잔으로 입술적시며
배시시 웃어주던 사랑스런 아이였네

이렇게 살펴보니, 우리 휘시향의 회원들이 행시놀이 하는 과정에서 행시 쓰는 실력들이 엄청나게 향상이 되었음을 느낄 수 있었으며, 그에 따라 친구들과의 우정도 점점 짙어감을 피부로 느낄 수가 있었다.

휘시향, 나래를 펴다

휘시향으로 같이 시를 쓰기 시작한지 시간이 1년 정도 지나게 되니까 대부분의 회원 누구나 어떤 시제이든지 쓸 수 있음을 느끼고 있었다.
그런 분위기 속에 시제를 "휘시향 나래를 펴다"로 가지고 갔다,
이충노가 가장 먼저 그 시제로 팔행시를 올렸다.

<휘시향 나래를 펴다>

휘어짐을 먼저 배워라
시덥지 않게 곧지 마라
향기도 처음엔 구린내
나는 것에서 시작한다. 나
래를 펴서 날기 전에 아이
를 서게 하는 부모는 없다
펴논 담요에서 수년을 기
다가 휘청이다 겨우 곧게 선다

요즈음은 단어를 중간에서 끊어서 다음 줄로 이어지게 하는 행시는 추천하지 않지만, 당시는 이렇게 이어가는 것만으로도 대단한 일이었다. 그 다음은 김기수가 온 천지가 행시로 뒤덮이기를 바라며 8행시로 이어갔다.

<휘시향 나래를 펴다>

휘문의 아이들 중
시를 좋아하는 친구들 모여
향을 만드니 이름하여 휘시향

나를 포함한 많은 친구들이
내일도 또 내일도 모여서
늘 같이 시를 읊고 노래하며
펴나가세, 우리나라 온천지가
다행시로 뒤덮일 때까지....

이충노가 화답하며 다시 같은 시제로 8행시를 이어갔다.

<휘시향 나래를 펴다>

휘날래를 함께 장식할
시집온 지 30여 년 세월의 아내를
향긋한 꽃 보듯 바라본다.
나이 들수록 설렘은 잦아지지만
내 안의 또 하나의 나
를, 아내를 만나는 또 다른 설렘. 날마다
펴는 삶 속에서
다시 그녀와의 새 앞날을 시작한다

그리고 행시를 주로 쓰다 보니까 틀 안에 갇혀서 마음대로 표현을 못하는 것 같은 기분이 들기 시작하여 이번에는 같이 가을과 낙엽을 주제로 자유시를 써 보기로 했다.

이번에도 처음 주자는 이충노였다.

<낙엽>

낙엽을 밟지 마라
낙엽이 굼틀 댄다
화사한 노란 단풍
황홀한 붉은 단풍
숨이 막히는 감동
바람이 차게 분다
낙엽이 떨어 진다
낙엽이 굼틀 댄다

다음은 누구도 생각지 못한 독특한 필체를 청천 이정식이 자유시를 이었다.

<나무야 밥 줘>

나무야 밥 줘 나 배고파
가지야 목마 타자
나 심심해
발정 난 바람이 나를 만진다
초록빛 싱그러움이 젊음을 뽐낸다
나비야 놀자 꿀벌들아 어서 와라
산다는 건, 즐거워야 해....
붉게 물이 든다 절정을 느끼고서
나무가 나를 떨구고 외로움에 고요하다
초록색 꿈 붉은 낭만 지난날들 속절없다

책갈피에 끼워져 미라가 되긴 싫다
흙 바닥에 뒹굴면서 개미들아 놀자꾸나

가을비가 시려워 깊은 잠에 빠져든다
흙이 나를 품어준다
산다는 건, 죽지 않은 찰나일 뿐....
나무야 배고프지 내가 밥 줄게

다음은 낙엽을 싫어한다는 문상영이 쓴 자유시 2편이다.

<낙엽>

1.
휘돌아 감기는 찬바람에
견디지 못하고 버티지 못해서
벌레 먹고 일그러진 벗잎은 그만〃
떨어지고 말았다
그것으로 끝이었다
보고 있던 복실이도
눈을 감아버리고
찬바람은 다시 휘돌아
복실이 눈물마저 날려버린다
그렇게〃
가을은 가고
봄이 오지 않을 것 같은
겨울이 온다
저 낙엽은 하얀 눈을 뒤집어쓰고 〃

2.
소리도 없이 단풍 들더니

봄엔 요란하게 와글와글 새 이파리를 뿜어내더니
이제 졸린가 보오 ··
가느다란 끝 가지에 붙어있을 힘조차 없어 휘리릭 ··
그게 낙엽이오 덤덤하게 말하고는 떠나버린 그 사람
난 그래서
낙엽이 싫다

이어서 이해일이 쓴 자유시이다.

<먼 옛날>
나는 낙엽이 스쳐간 여인을 생각한다.
자줏빛 와인을 한 모금 삼키고
여인의 둔부에 낙엽을 그려 넣는다.
욕정의 눈빛이 흔들릴 때마다
낙엽은,
둔부에서 무릎으로
무릎에서 다리로
파르르 떨어진다.
아침이면
애리조나 사막의 모래처럼 사라지는 낙엽은
저녁이 되면 여인의 둔부로
다시 내려앉는다.
해가 바뀌어 낙엽의 계절이오면
나의 기다림이 시작된다.
여인이 스쳐간 낙엽을
아니,
낙엽이 스쳐간 여인을..

다음은 김기수가 이어서 3편을 올렸다.

<낙엽>

1.
가을 하늘이 높아지면
쌀쌀한 바람이 몸 속으로 스며들고
세상은 껍질을 벗기 시작한다
해가 기울 때 그냥 들어가기 싫어 노을이 지듯
그냥 껍질을 벗을 수 없어 몸서리 치기 시작한다
그 몸짓이 노란색, 붉은 색으로 나타나고
여인이 옷을 벗고 맨 몸을 드러내듯
산도 속살을 보여주기 시작한다
그러나 가을의 산과 들의 몸부림은 지나가는 것이 아니고 거기 그냥 그렇게 서 있다.
낙엽은 낙엽이 되고, 그 시간은 그 시간에 거기 살고 있고, 나무는 원래부터 그렇게 있다.

2.
가을 하늘이 높아지면
쌀쌀한 바람이 몸 속으로 스며들어
나는 비비안을 품에 안고
오늘밤은 차곡차곡 낙엽이 쌓인다
세상이 껍질을 벗기 시작하면
해가 기울 때 그냥 들어가기 싫어 노을이 지듯
그냥 껍질을 벗을 수 없어 몸서리 치기 시작하고

나는 쌀쌀함에 떨며 막걸리 한잔을 마시면
오늘밤은 차곡차곡 낙엽이 쌓인다
가을의 몸짓이 노란색, 붉은 색으로 나타나고
여인이 옷을 벗고 맨 몸을 드러내듯
산도 속살을 보여주기 시작하면
비비안이 막걸리 한잔으로 수치를 가리며
나를 사랑하고
차곡차곡 쌓이는 낙엽은 바닥을 덮는다
그러나 가을의 산과 들의 몸부림은 지나가는 것이 아니고
거기 그냥 그렇게 서 있고
낙엽은 낙엽이 되고, 그 시간은 그 시간에 거기 살고
나는 비비안을 사랑하고
노을은 하늘을 가린다

3.
낙엽은 진짜 어렵다
낙엽은 지난 세월을 생각한다
낙엽은 떨어지지 않으려고 몸부림친다
낙엽은 빨갛게 화를 낸다
낙엽은 세월을 온 몸으로 느낀다.
낙엽은 그래도 세상을 사랑한다.
낙엽은 그리운 엄마와 같은 땅에게로 간다.
낙엽은 너와 나다
낙엽은 뭉쳐지지 않는다
낙엽은 다만 사라질 뿐이다

그리고 배길환이 이어서 올린다.

<세월아>
세월아, 그대는 지금 어디쯤 가고 있는가.
청산도 청보리의 살랑거림이 아직도 내 몸을 어지럽게 하고 있소.

어머니의 품도 같고, 여인의 자궁과도 같은 그 포근한 여운이 내 몸을 몸부림치게 하고 있소.
위대한 신의 창조, 자연의 섭리가 그대의 몸을 휘감고 있구려.
세월아, 그대는 지금 어디쯤 가고 있는가.
청운의 꿈을 안고 북한산의 녹음을 탐닉한 그대는 마치 여의주를 품은 용의 모습으로 나타났소.
그러나 명동의 휘황찬란한 네온사인이 세태의 어지러움을 가르쳐 주고, 미아리 오팔팔이 악마의 화신처럼 다가왔소.
오대양 육대주를 거대한 유람선처럼 달렸건만 지금은 태평양 한가운데 돛단배와
같은 일엽편주에 불과하오.
세월아, 그대는 지금 어디쯤 가고 있는가.
양재천변의 만추에 더해 태양처럼 빛나던 그대가 하나하나 낙엽이 되어 그대의 엉클어진 인생을 보이는 구려.
마치 지난 날의 찬란한 잉태와 젊은 피가 처량한 모습으로 지천에 깔려 있는 것 같소.
그러나 그 자질구레한 모습이 오히려 아름답소.
세월아, 그대는 지금 어디쯤 가고 있는가.
그러나 세월아, 나는 그대를 지금도 믿고 있소.
그대는 자신의 몸을 태워 세상을 아름답게 비추는 촛불이라는 것을.

지금 지천에 깔려 남의 밟힘을 당할지라도 다시 한번 꿋꿋하게 솟아 올라,
세상을 정의롭게 만드는 민초라는 것을

이후 다시 8행시 시제 "해동 육룡이 나르샤"로 김기수가 글을 하나 올린다.

<해동 육룡이 나르샤>

해돋이가 좋다해서
동해안에 갔더니만
육중하고 커다란해
룡솟음쳐 올라오네
이다지도 좋은광경
나서부터 처음이네
르노아르 만난기분
샤방샤방 정말좋아

이어서 문상영 다시 자유시로 새 글을 올린다.
<눈>

펑펑 내리는 저 눈송이

그속에 네가 있고 내가 있다
하얗게 더 하얗게
너와 내가 칠해놓은 까만색,빨간색,노란색
모조리 하얗게 덮어버린다.
그 위에 발자국내기가 아깝다

하얀 눈은 오직 하얗게 펑펑 내려 덮을 뿐인데,
난 그 속에 지워진
내가 그려놓은 색깔이 아쉬워
펑펑 울었다.
오늘 내린 눈은,
너무 하얬다.
너도
이 눈송이에
펑펑 울었니?

이렇게 시를 읊으며, 감흥이 고조된 문상영은 다시 겨울을 노래하는 자유시를 하나 더 올린다.

<어떤 겨울>

온 하늘에 흰구름 한점 없이
차갑고 깨끗한 아침바람이 분다
저 산마루가 하늘을 삼키는지
파란 하늘이 저 산을 삼키는지
산 끝 하늘에 매달린 소나무 하나
외롭게 서서 세찬바람에 운다
나 거기 산마루에 어느샌가 올라가 하염없이 소나무 위 파란하늘 찬바람 맞으며
속으로 뜨거운 눈물 쏟으며 운다
온 하늘에 온통 별 무더기 쏟아져
차가운 달무리의 저녁바람이 분다

이어서 이해일은 "겨울에 태어난 당신'을 시제로 감성이 짙고 자연스러운 8행시를 올린다.

<겨울에 태어난 당신>

겨우 사랑을 느꼈는데
울 사이 겨우 이것뿐인가요
에둘러 봐도 오직 당신뿐
태워도 태워도
어느 하루인들 당신을 잊을까요
난 당신의 몸
당신은 나의 영혼
신도 눈물 흘릴 거예요..

이충노가 같은 시제로 8행시 하나를 다시 올린다.

<겨울에 태어난 당신>

겨울에 냉면을 먹어야 제 맛
울 엄니는 냉면을 겨울
에 드시면서 감탄을 연발했다
태생은 경상도시나
어릴 때 떠나 함경도서 자라
난 탓인지 냉면을 겨울에
당신 보다 더 좋아하셨다
신나고 즐겁게 올해도 맛있게

이정식이 오늘은 "웬쥐 마음이 슬프다"고 하며 같은 운의 8행시로 글을 잇는다.

<슬프게.... 겨울에 태어난 당신>

겨울보다 더
얼음보다 더 시려워
울타리 쳐 돌아선
뒷모습이 너무 추워
에필로그 대사처럼 마침표를 찍어주네
태연한 척 기다림은
하루가 백 년 같아
어그러진 너를 향해
나의 진심 외쳐본다
난도질된 나의 변명
가슴 깊이 쓸어 담고

당혹스런 파란미소
힐끔힐끔 보여준다
신이시여 어찌하오리까...

계속 밴드의 글을 지켜보던 김용택이 감성에 젖어 먹먹하게 가슴을 울리는 시를 한 수 토해내었다.

<무슨 말인가 더 드릴 말이 있어요>

오늘은 아침부터 눈이 내려
당신이 더 보고 싶은 날입니다
내리는 눈을 보고 있으면
당신이 그리워지고
보고 싶은 마음은
자꾸 눈처럼 불어납니다
바람 한 점 없는 눈송이들은
빈 나무 가지에 가만히 얹히고
돌멩이 위에 살며시 가 앉고
땅에도 가만가만 가서 내립니다
나도 그렇게 당신에게 가 닿고 싶어요
아침부터 눈이 와
내리는 눈송이들을 따라가 보며
당신이 더 그리운 날
그리움처럼 가만가만 쌓이는
눈송이들을 보며
뭔가, 무슨 말인가 더 정다운 말을
드리고 싶은데
자꾸 불어나는 눈 때문에
그 말이 자꾸 막힙니다

김기수가 김용택의 이야기를 하고 싶어하는 사람이 누군지는 잘 모르겠지만 어머니 같은 느낌이 들어 "겨울에 태어난 당신"의 운에 맞추어 8행시로 어머니의 사랑을 노래한다.

<어머니! 울 어머니>
겨자씨 만한 믿음이 산을 옮기듯
울 어머니의 한결같은 사랑은
에밀레하며 우는 아이를 감싸며
태산도 옮길 것 같은 사랑
어리석은 자식놈들이 모여
난리를 피워 시끌벅적해도
당신은 초연히 모두를 감싸는
신성한 어머니의 모습입니다.

문상영도 같은 운 "겨울에 태어난 당신"을 시제로 어머니를 생각하는 마음을 글로 적어낸다.

<어머니 사랑>

겨우겨우 둘러친 초가삼간
울타리 나즈막히 어무이 목소리
에따 너 먹어라 맛 있응께
태연하게 받아 든 감자떡을
어리버리 한입 덥석 먹다가
난 그만 목이 메고 말았다
당췌 알 수 없는 깊고 깊은 엄마마음
신발짝 질질 끌고 부엌으로 달려갔다˝어무이˝

어머니가 생각나는 정희승이 이어서 자유시를 하나 올린다.

<흔적>

어머니가 떠난 자리에
어머니가 벗어놓은 그림자만 남아 있다
저승으로 거처를 옮기신 지 2년인데
서울특별시 강서구청장이 보낸
체납주민세 납부 청구서가 날아들었다
화곡동 어디 자식들 몰래 살아 계신가 싶어
가슴이 마구 뛰었다
많이 그립다

어머니라는 주제는 사람마다 가슴에 사무치는 주제인가 보다. 그런데 어떤 이는 어머니라는 말에 오히려 아버지가 생각나는 사람도 있다. 정용원은 '겨울에 태어난 당신'의 시제로 아버지를 생각한다.

<겨울에 태어난 당신>

겨울이면 아련히 생각나는
울 아부지
에헴하지 않고 소탈하면서도 때로는 근엄하셨던 울 아버지
태어나서 처음 치루어 본 고교입시. 춥고 눈 오던 그날 어린 내 마음도 무척 추웠었다.
어떻게 그걸 보셨는지 휘문고등학교 수돗가 위 과학관 벽에 붙은 합격자명단의 내 수험번호를 30m 전방에서 2.0의 시력으로 확인하시고 뛸 듯이 기뻐하시던 모습

난 울 아부지와 부둥켜 안고 덩실덩실 춤을 추며 좋아했었다.
당신께서 일제시대 때 함경도 시골에서 기차 타고 와서 도전했다 실패한 휘문고교를 당신 아들이 합격했다고
신바람 내며 동네방네 자랑하시고 다니시던 울 아부지. 당신이 이 겨울에 사무치게 그립습니다. 아부지!

아버지의 소원을 자식이 결국 풀어준다는 정용원의 감동 스토리를 멋지게 8행시로 펼쳐져서 모두에게 감동이 된다.

이해일이 갑자기 시제를 "집이 적막강산"으로 하자고 제안을 해서 김기수가 이해일의 마음을 살짝 이 시제에 담아서 6행시를 올린다.

<집이 적막강산>

집에 아무도 없고 아무 일 없어도
이해일이 집에 들어가기 싫은 이유는
적적함 때문이 아니라
막연히 생각해 왔던 여인들을 만날 수 있기 때문?
강남에서 한잔하면서 여기로 오라 하면
산 같은 일도 제치고 달려올 사람들이 있을걸...

그러고 나니 문상영도 같은 시제로 6행시를 쓴다.

<집이 적막강산>

집집마다 나부끼는 태극기
이 나라 방방곡곡에 울리는 대~~한민국

적어도 그때는 나도 애국자 되었지
막판 대역전 이태리 꺾고 4강
강강술래 돌듯이 전국민이 기뻐했지
산도 들도 함께 기뻐했지 2002월드컵!

이해일이 이어서 먼저 김기수의 시의 답시 형태로 6행시를 쓰며 강줄기 따라, 또는 산마루를 바라보면서 자기 인생을 찾아가겠다고 노래한다.

<집이 적막강산>

집을 떠나
이곳 저곳 다니면서
적당한 휴양보다는
막막한 하루의 일정을 짜고
강줄기를 따라가다가
산마루를 바라보면 내 인생이 거기 있다

거기에 찾아가는 것보다는 내가 스스로 포근한 언덕이 되겠다고 이충노가 이어서 다시 6행시로 운을 맞추어 노래한다.

<집이 적막강산>

집에 사람이 있어야지
이곳 저곳 다녀봐도 행복은 북적대는 집
적적함은 마음건강에 가장 큰 병
막대한 재물도 눈물 나는 외로움엔 무용지물

강하게 울리는, 그녀의 전화벨에
산악 같은 내가 포근한 언덕이 된다.

김기수가 그 시에 감동을 받아 "하늘이 그대를 속일지라도" 나는 꿈적도 않는 심해가 되겠다고 "하늘이 그대를 속일지라도"라는 운으로 삼각형 모양의 격시를 쓴다.

<마음 속 깊은 바다>

하
늘에
이슬이
그득하고
대양닿아도
늘푸른바다의
속깊은바다속은
일체아무런미동도
지진이나서해일와도
나르는파도와상관없이
도대체흔들리지않는심해

이충노가 이어서 "하늘이 그대를 속일지라도"라는 운으로 끊을 수 없는 정을 잠잠히 노래하고 있다.

<하늘이 그대를 속일지라도>

하염없이 떠도는 구름을
늘상 쳐다 보면서
이국 너머에 있는
그대를 생각합니다.
대면하고 헤어지면
늘 다시 그리워
속 깊은 정
일일이 헤아릴 수 없습니다
지난 세월
나날이 새로워짐은
도저히 정 끓을 수 없어

배길환이 이어서 같은 시제 "하늘이 그대를 속일지라도"로 코스모스처럼 살랑거리며 살고 싶다고 노래한다,

<하늘이 그대를 속일지라도>

하늘하늘거리는 그대 모습 너무 아름다웠소
늘 민낯으로 거리를 활보하는 모습도 아름다웠소
이보다 아름다운 당신을 본 적이 없소
그러나 세월이 많이 흘렀구려
대역을 써야만 감추어지는 그대의 모습이 많이 변했구려
늘상 모든 사람들에게 있는 일이니 실망하지 마소
속고 속이며 사는 것이 세상의 속성일지라도
일도 열심히 하고, 사랑에 미쳐도 보고 살아 갑시다
지금은 옛날의 꿈이 허상에 불과하였더라도

나 지금 현실에 만족하며 살아가고, 눈가에 주름살 늘어가고 뱃살 나온다 할 지라도
도처에 살랑거리며 인간에게 아름다움을 선사하는 코스모스처럼 살고 싶구려

그 이후 날이 겨울로 접어드니 누군가 "우리 기쁜 겨울날"로 시제를 올리니 이충노가 금새 거기에 맞추어 올린다. 참고로 두음법칙에 따라 첫 글자로 오는 "리"는 "이"가 되어도 상관없는데, 요즈음에는 외래어도 많고 그래서 행시 쓰는 사람 중에는 가급적으로 원 글자를 살리고 싶어하는 사람이 늘어나고 있다. 이 글에서는 두음법칙을 따라 쓰는 경우가 많이 있다. 다음 글은 이충노의 7행시이다.

<우리 기쁜 겨울날>

우리가 가야 할 머~언 길에서
이런 분들도 만나고 저런 쉐이도 만나서
기쁠 적도 있고 잡칠 때도 있어
쁜노도 표출하고 즐거움도 나누면서
겨우 도달하니 여기가 갈 길의 절반쯤
울지 말고 웃자.^^ 갈 길이 저리 남음은 좋은
날의 시작이니 중년의 벗아 노딱이며 나아가자

문상영의 글이 이어서 올라온다.

<우리 기쁜 겨울날>

우짤까~잉 저 반금련 같은 쏭년을

이론 쉑끼 넘치는 아낙년을 봤나
기똥찬 남자 쉐이만 보믄
뻔뻔한 표정으로 착 달라 붙어갖고
겨드랑이에 꿰차뿌리네
울 신랑 철이 쉐이도 꼴딱 넘어가삐릿네
날 잡아 잡아갖고 확 패대기 쳐뿌려야지

김기수가 이어서 올린다.

<우리 기쁜 겨울날>

우중충한 날씨에 적막한 하늘 보며
리스본의 맑은 하늘을 그리워하지만,
기도하는 마음으로 잔잔하게 마음을 잡아둘
뿐 아니라 창문의 틈새에 흘러 드는
겨울의 맑은 공기의 흐름을 타고
울타리 너머까지 또 하나의 마음을 보내자
날갯짓 하는 마음이 리스본까지 날아갈 수 있도록

이해일이 운을 조금 더 어렵게 수정해서 잇는다.

<우리 즐거운 겨울날>

우중충한 검은 하늘
리상하게 가라앉은 체념

즐거웠던 과거 회상
거리에는 성탄 물결
운다고 그대가 돌아올까요
겨우내 움츠렸던 마음
울음을 그치고
날개를 활짝 비상하고 싶어..

김기수가 그 운에 화답하여 8행시를 쓴다.

<우리 즐거운 겨울날>

우
리가
즐겁게
거리에서
운동을하면
겨울에열나고
울어머니웃으며
날보고즐거워할듯

이충노도 바뀐 운으로 또 다시 올린다

<우리 즐거운 겨울날>

우리 어머니 노인정 가시면서, 추운 겨울날씨에도 그냥 나가시기에
리유를 물었더니, 어머니 말씀이 "머리가 이쁘게 안 보인다" 하여

즐거운 발걸음을 실망시킬 수가 없어 가시다가 추우면 바로
"거시기 휘문 녹색 군인모자를 꺼내 쓰세요" 하니 알았단다
운 좋게도 휘문의 모자는 전부 어머니 차지가 되어, 여름부터
겨울 추운 날까지 쭈~욱 쓰고 다니신다. 녹색모자도 물론이다.
울 어머니 아들의 휘문 모자를 쓰시곤 오가며 건강 장수하소서
날이 날마다 행복한 잠 주무시고 이쁜 머리에 더욱 신경 쓰소서

운이 다시 바뀌어 "믿어도 되나요 당신의 마음을"이라는 시제가 올라오니, 김기수가 그 시제로 삼각형의 격시 형태로 12행시를 올린다.

믿
어봐
도대체
되는일이
나오지않아
요렇게힘들어
당신이실망해도
신께서너를보시고
의미있는삶을살도록
마지막까지도와줄거야
음울한마음을모두버리고
을마든지즐겁게지낼수있길

그러자 이어서 조원정이 역삼각형 격시로 "믿어도 되나요 당신의 마음을"의 시제로 12행시를 올린다.
<3학년 3반 쎄레피아^^>
믿음직스런음색에빠져드네
어떻게당신마음을얻나요
도무지묘안이없습니다
되풀이생각을해봐도
나의마음은그대뿐
요렇게힘든것은
당신의무관심
신만알겠죠
의미있는
마취성
음성
을

글은 쓰면 쓸수록 다양한 표현들이 발생하고, 개발되는 모양이다. 휘문 67회 밴드 내에 글은 더 독특한 것들도 훨씬 더 많이 있지만, 여기까지만 정리하기로 하자. 한번 날았던 새는 죽을 때까지 나는 법을 잊지 않는다. 이제는 우리 모두 알고 있다, 휘시향이 나래를 펴서 날아 올랐다는 것을...
우리는 어디에 가든 무슨 글을 쓰던, 무슨 일을 하던 의연하게 자리를 차지할 것이다.

에필로그 1. 이름행시

정겨운 휘문 친구들에게 이름행시를 / 김기수

- 멋진 친구 이광순 -

이미 문장은 달인의 경지에 이른 듯
광채 가득한 얼굴에 나타난 평온
순수한 예술에 조예 휘브라 베이스

- 사업가 윤헌섭 -

윤헌섭 사장님의 공장준공 축하해요
헌신으로 노력해서 알찬 회사로 키우고
섭리를 따라 만들어 대기업으로 거듭나길

- 경영학박사 윤석길 -

윤석길이 드디어 대단한 사고를 쳤네
석사도 아닌 박사를 이루어 내고 말았어
길고 긴 인생여정에 방점을 하나 찍고 가네

- 좋은 친구 이충노 -

이충노공 덕분에 잠시 동안 즐거웠소
충분한 시간이 되지는 못했으니
노는 날 하루 잡아서 같이 회포를 풉시다

- 마음공부의 달인 김연수 –

김연수는 생각 깊고 사색하기 좋아하네
연한 커피 한잔 들고 창 밖 보며 사색에 잠겨
수많은 머리 속 생각 차례차례 풀어내네

- 부부 금실이 좋은 사진을 보니 -

이렇게 사이 좋은 부부를 본적 있나요
해로하는 모습이 너무나도 보기 좋아
일상의 소소함 속에 보여지는 행복함

- 웃는 모습의 김범식 -

김범식 부부 모두 웃음이 화사하네
범사에 서로 아끼는 모습이 보여지네
식사 후 코코넛처럼 부드러운 눈빛이네

- 아름다운 옥잠화 -

옥같이 아름답지만 수줍은 듯 피어난
잠시 누구를 기다리며 부끄러워 하는 듯
화사한 꽃망울 속에 부드러운 하얀 살결

-   치과원장 김일현 –

김일현, 의사이고 시인이며 사진작가
일단 손에 잡으면 뭐든지 열심
현명하고 멋있는 우리 친구 최고!!!!

-   독일어 욱기쌤 생각하면 –

민망하지만 뭐를 밟은 것 같은 느낌
욱하는 마음에 학생들의 기분 따위는...
기막힌 해프닝들이 머리 속을 지나가네

- 복문수교수 휘문 밴드 가입 축하 -

복 많이 받으세요 복교수님 환영합니다
문안하는 친구가 많으니 홍복입니다
수문장 노릇을 하는 휘시향도 환영합니다.

** 2015년 해 뜨는 동부와 휘시향이 여러번 연합 모임을 했습니다. 그 중에 한 번 이었던 것 같습니다. 건배하기 전에 미리 준비했던 행시로 발표를 했었고, 참석한 이름들로 행시를 지었지요.

- 해 뜨는 동부와 휘시향의 친구들 –

해맑은 얼굴들도
뜨악하는 얼굴들도
는 주름까지도
동무들 얼굴 보니 반갑다
부지런한 우리친구
휘문 67회 동기들
시간 맞춰 이리 모이니
향기가 그윽하네
이렇게 멋드러진 상진공이 주관하는
상상을 초월하는 잔치가 벌어졌네
진짜로 고딩 친구들 모두 모여 와글와글

** 모였던 친구들 이름으로 하나씩 모두...

김양수가 프랑스 코트드쥐바르 블라블라...
양질의 와인 한 병 가지고 온다네요
수입산 최고의 와인 맛을 한번 보겠네요

김양수, 오늘도 새로운 아이템
양보다 질로 승부하는 벤처기업가
수많은 시장을 누비며 국위선양 한다

김동훈, 휘브라의 멋진 친구
동네가 환해지는 멋진 모습
훈훈한 분위기에 멋진 모임 되었네

유명한 치과의사 돈 잘 버는 원장님
석가모니 같이 환한 얼굴에 염화시중 미소
천하에 멋진 호탕한 내 친구

이렇게 좋은 모임 만들어주어 감사
상상도 못했어, 포도주가 13병이나
진짜 멋있는 해 뜨는 동부 휘시향 모임

이미 알았지 이곳에 올 줄을
정말로 반가워요 아무리 자주 봐도
식사 후 2차도 네가 책임져야 해

박 터져요 회장님 오실 때 마다
재주가 아주 좋아 모임을 리드
형체도 없이 나타나서 좌중을 주도

이런 기회가 아니면 보기 힘들어
광채 나는 얼굴에 멋진 모습
순전히 친구밖에 모르는 멋진 친구

이미 우리 한참 같이 친해졌어
진짜 진국인 멋진 우리 친구
원래부터 멋있었다고 다들 얘기해

권경복, 한식요리 전문점 사장님
경험이 풍부해서 단연 군계일학
복잡한 세상에서 경쟁력 갖춘 전문가

이상일, 오랜 기간 언론계를 풍미했지
상상하기 어려운 필치로 언론을 장악
일찍이 휘문에서 인재 되리라 누구나 예상

신사적인 멋진 우리친구
동욱이도 이자리 참석했네
욱적북적해도 눈에 들어오는 우리 친구,

이미 친구들 사이에는 유명한 친구
창조적인 마인드에 무슨 일이든 열심
용감하고 멋진 우리 동창이죠

김방식, 군자마을 멋진 관장님
방긋 웃는 모습에 아줌마들 자지러져
식사 후 클럽에 가면 인기 만점일 듯

오미자 맛같이 다양하고 감칠맛의
세상사람 모두 칭송하는 멋진 친구
헌 세상도 같이하면 새 세상이리

에필로그 2. 졸업 50주년 기념 행시백일장

다행시모임 "휘시향' 회장 김기수

휘시향과 67회 교우회에서는 우리의 졸업 50주년을 맞아 백일장을 개최하였습니다. 백일장의 시제는 "휘문 졸업 오십 주년"이었고, 팔행시 백일장입니다. 출품된 작품을 심사, 선정하여 시상한다고 공지하였으며, 또한 휘문고 67회 졸업 50주년을 기념하여 발행하는 책자에 수록할 예정임을 공지하였습니다.

동일한 시제의 팔행시를 예시로 소개하며, 참여를 독려하기 위해 제가 직접 같은 시제로 팔행시를 써서 같이 게시하였습니다. 휘몰아 치는 세월 속에 문을 나서 오십 년이 되었네요. 졸속으로 지나간 세월이지만 업적이라고 내세울 것을 찾아내고 오늘부터 시작하는 백일장에 십여 년 묵은 생각들을 정리해서 주제가 명확한 장원이 되어 연말의 졸업 50주년 행사의 시상식에 서시기를 바랍니다. 그리고 작품을 받아서 심사하였는데, 출품된 작품이 예상보다는 많지 않아서 장려상 5 작품, 우수상 3 작품, 최우수상 2 작품, 대상 1 작품으로 공지하였으나, 장려상을 제외하고 우수상 4 작품, 최우수상 2 작품, 대상 1 작품으로 선정하였습니다.

상금은 공지한 대로 우수상 각 5만원, 최우수상 각 10만원, 대상 30만원을 수여합니다. 휘시향 회원들 모두를 심사위원으로 하여, 본인 작품은 제외하고 모든 작품을 대상으로 평가하도록 한 결과 대상 : 이충노, 최우수상 : 전영옥, 이광연, 우수상 : 김일현, 이상진, 정용원, 이해일이 선정 되었습니다.

시상작품들을 소개하면 다음과 같습니다.

대상 : 이충노

徽文의 은은한 墨香 매서운 劍氣
文武로 면면히 世上 널리 펼쳤고
卒業후 새로운 巨步 힘차게 뻗어
業績은 아득히 衝天 멀리 솟았네

五十 風霜 두려움 떨치며 서있고
十方 桃李 볼재에 빽빽히 모였지
周天에 반짝이는, 별 같은 그대들
年年 만나서 잘 익은 술 권하기를

평가내용 : 운이 아주 자연스럽게 연결되어 있을 뿐만이 아니라, 한 행의 글자 수도 13 글자로 동일하게 격시를 유지하고 있습니다. 거기에 첫 행의 묵향과 검기로 상징되어 문무에 진출하였던 휘문 동문의 기상을 찬양하는 돋보이는 작품이며, 자연스럽게 뻗어나가는 반짝이는 별들인 우리 휘문 졸업생들의 업적을 기리고, 해마다 만나서 술 한잔 같이 기울이자는 마무리로 심사위원들의 마음을 가장 많이 움직여서 대상으로 선정 되었습니다.

최우수상 : 전영옥

휘 徽風堂堂 六七同期
문 文武兼備 社會貢獻
졸 卒業年度 七五年度
업 業積功積 螢雪之功
오 寤寐不忘 恩師恩惠
십 十匙一飯 同期友情
주 酒香千里 人香萬里
년 年柱吉運 百歲健康

휘문의 바람은 당당, 67회 동기들
문무 기량을 겸비한 사회 공헌
졸업 연도 1975년의 동기들
업적과 공적이 형설로 쌓이니

오매불망 스승의 은혜 생각하며
십시 일반, 동기들의 우정 나누자
주향은 천리에 사람 향기는 만리 가네
년 내내 좋은 운에 백세까지 장수하세

평가내용 : 해박한 한문지식으로 8행 8자의 한문 격시를 만들고 있으며, 자연스럽게 67회 동기들의 업적과 우정을 강조하고 같이 100세까지 건강하게 장수하기를 기원하고 있어서 아주 좋은 평가를 받았습니다.

최우수상 : 이광연

휘모리 장단에 몸 맡기고
문 나선지 반세기
졸업과 또 다른 시작은
업보를 안고 살아온 세월
오십 년은 타인에게는 긴 시간
십 년도 긴 시간
주마등처럼 떠오르는 추억
年年歲歲 이어가는 전통의 徽文

평가내용 : 자연스럽게 이어지는 행시 문장으로 10년도 긴 시간인데, 졸업한 지 50년의 긴 시간의 추억을 같이 공유하고 지내온 동기들에게 이후에도 같이 계속 전통을 이어가자고 독려하는 내용의 우수한 작품으로 매우 좋은 평가를 받았습니다.

우수상 : 이상진

휘둘러 보니 친구들 모두 잘 있네
문제 학생 우수 학생 모두 다 잘 있네

졸업할 때까지 몰랐던 친구들도 잘 있네
업적을 논하지 않더라도
오십 년 한 세월 사회를 지켰으니
십분 칭찬해 주어도 마땅하지
주마등 속의 추억을 잘 삶아서
년말 잔치에서 회포를 풀어보세

휘문 67 동기들 모두 한번 적어봐요
문학 감수성 없어도 될 거에요
졸작이라도 누가 뭐라겠어
업어가도 모를 호박엿 먹는 사이에
오십 년 세월 지났으나
십 분이면 충분할 테니
주마등 같이 흘러간 50년 돌이켜 보며
년년세세 남을 67회 문예지 함께 만들어 봐요

평가내용 : 재미있는 문어체로 운을 맞추어 잘 이어가고 있으며, 연말 잔치에서 회포를 풀고, 멋진 문예지를 만들어 보자는 내용으로 우수한 작품입니다.

우수상 : 정용원

휘모리장단에 억지로 맞춰 허겁지겁 살다
문뜩 정신이 드니 거울에는 고희의 노인
졸업한지 50주년 그 각고의 세월
업종이 다르고 사는 곳도 달랐지만

오로지 큰사람이 되자는 교훈을 금과옥조의
십계명처럼 미친 듯 인생을 열심히 살았다. 이제
주유하는 방랑시인처럼 가슴을 뛰게 하는 것을 찾아
년년세세 남은 삶을 우리 모두 치열하게 살자. 화이팅 67회 어게인 휘문 삼일재.

휘파람 소리가 이제는 너무 그리워
문풍지 뚫어진 왕십리 한옥집의 추억도
졸업한지 반백 년 세월 다시 억지로
업로드 해야 할 잊었던 소중한 생의 추억들
오마니 생각이 제일 먼저 나네요
십년이면 강산도 변한다는데
주마간산처럼 살아온 졸업 후 오십
년 긴 세월 이제 삶도 가끔 되돌아보고 삽시다.

평가내용 : 휘파람 소리, 문풍지, 십계명 등의 다양한 단어선택이 돋보이는 행시로 삶에 대해 이야기하는 좋은 내용으로 우수한 작품으로 평가되었습니다.

우수상: 김일현

<큰사람이 되자>

휘문고 교훈
문리를 깨우쳐서
졸부가 아닌
업고 두루 나누는

오지랖 넓은
십상은 마음 부자
주위 살피며
년 수 만큼 성숙해

*文理, 猝富, 年壽

평가내용 : 짤막한 문장으로 운을 맞추어 잘 표현하고 있으며, 글자 수가 5, 7, 5, 7로 이어지는 재미있는 리듬을 가진 우수한 작품으로 평가되었습니다.

우수상 : 이해일

徽문은
文才를 키우라는 고종 하사품
졸지에 맞이한 고희 세월
業적 가득한 우리 인생
五십 년을 초기화하여
十대부터 다시 시작하도록
주문을 읽는다
年감 발행 축하하며.

평가내용 : 운이 자연스럽게 이어지고 있으며, 짤막한 문장으로 고종 시대부터 시작하여 현재 고희에 이른 휘문 67회를 노래하고 있으며, 50년을 리셋하여 다시 시작해보자는 희망을 노래한 우수한 작품입니다.

모든 작품들이 다 귀하고, 본인이 심혈을 기울여 작성한 독창적인 내용들이어서 모두 대상을 주어야 마땅하나, 심사위원마다 보는 시선이 다르고 선호하는 바가 다르기 때문에 차이가 생길 수 밖에 없고, 이들을 늘어세우면 줄이 세워질 수 밖에는 없으나, 진정한 실력평가 보다는 거의 심사위원들의 선호도에 기울었을 것으로 보입니다.

입상하신 분들 모두 축하를 드리며, 대상을 받지 못하신 분들은 실망하지 마시고 열심히 정진하다 보면 좋은 기회가 다시 있을 것입니다.

참여하셨던 모든 분들과 응원해 주신 우리 동기들 모두에게 감사를 드립니다.

2부. 휘시향 회원들의 글과 작품

(가나다 순)

김기수

김양수

김연수

김일현

김홍수

문상영

배길환

은학수

이광연

이정식

이충노

김기수

홍익대학교 교수, 부총장
세종특별자치시 선거관리위원
한국행시문학회 등단시인, 수석부회장, 대한민국 행시명장
휘시향 회장

<우주가 담겨 있는 詩>

이 시는 회문시여서 앞으로 읽어도, 뒤로 읽어도, 세로로 읽어도, 거꾸로 읽어도 똑 같습니다.

1세기 경 이 시가 나올 때부터 고대 로마인들은 이 마방진에 매료되어 이것을 집집마다, 신전마다, 온갖 비석에, 그리고 심지어 물그릇에까지 새겨두곤 했습니다. 완벽한 대칭 속에 잡귀를 쫓고 행운을 불러오는 힘이 있다고 믿었고, 기독교인들은 이 시가 창조주의 비밀을 담고 있다고 믿었습니다.

SATOR; originator; literally 'seeder'.
AREPO: unknown word, perhaps a proper name
TENET: holds, keeps, comprehends, possesses, preserves, sustains.
OPERA: service, pains, labor; care, effort, attention.
ROTAS: wheels.
SATOR: "씨뿌리는 자" 라는 의미인데, 창조주를 지칭하기도 합니다.
AREPO: 사람 이름으로 고유명사입니다.
TENET: 계속해서 ~~한다
OPERA: 돌린다, 운영한다.
ROTAS: 수레바퀴

그래서 해석하면 "창조주 아레포는 계속해서 수레바퀴를 돌린다"이고, 다시 한번 의역을 한다면, "창조주 아레포는 계속해서 우주라는 수레바퀴를 돌린다"가 되어 이 안에 하나님이 우주를 운영하는 방식이 들어있다고 보고 있습니다.
그런데 이 시는 앞으로도 뒤로도 거꾸로도 똑같이 읽혀서 앞으로도 뒤로도 거꾸로도 운영하시는 전지전능한 하나님의 모습이라는 거지요.

그리고 이 시의 세 번째 줄에 테넷이라는 단어가 들어있는 것이 보입니다.

"TENET"은 인터스텔라와 인셉션을 감독한 크리스토퍼 놀란 감독의 대표적인 영화제목입니다. 코로나 때 한국에서 개봉을 해서 관객이 많지는 않았지만 100만 명이 넘는 관객이 보고 간 것으로 집계가 되어있습니다. 지금도 KT의 지니티비에서 검색을 하면 크지 않은 금액으로 소장할 수 있는 영화입니다.
영화 내용을 보면 크리스토퍼 놀란 감독이 이 시에 매료되어, 이 시에서 보이는 것에서 영감을 얻었다고 하는 것을 표현하고 있는데, 시간이 동시대에 앞으로도 뒤로도 흐르고 있는 상황을 만들어서 미래에서 온 사람이 묘하게 시간을 거

슬러 올라가 핵전쟁의 핵심부품을 탈취하는 내용의 영화인데 영화 속에 사토르, 아레포, 오페라, 로타스가 이름이나 개념으로 모두 등장하고 있습니다.
이 영화의 시간의 흐름을 묘사하는 방식이 아주 새로워서 아카데미 시각효과상을 받아서, 아카데미상 수상 영화이기도 합니다.
시간이 나시면 한번 보시는 것도 좋을 것 같습니다.
이 시 형태의 명칭이 첫 번째 단어를 따서 사토르 격자시 또는 사토르 마방진이라고 합니다. .사토르 격자시를 시제로 해서, 이 시처럼 위아래로 읽어도 좌우로 읽어도 같은 가로세로시를 하나 씁니다,

영어나 서양의 글로 쓰면 아무리 잘 만들어도 이런 형태의 글이 의미를 갖기가 쉽지 않고, 다섯 글자 이하는 겨우 한두 개 정도의 단어 밖에는 되지 않고, 글자가 많으면 좌우의 글과 상하의 글이 일치하기가 쉽지 않아서 이 시 외에는 거의 다른 작품이 없습니다.
그런데 한글은 행시가 잘 발달되어 있고 세로의 운을 여러 개 넣는 경우도 많아서 최근 들어 모든 글자가 운인 가로로 읽어도 세로로 읽어도 같은 시들이 많이 나타나고 있어서 한글의 표현력의 우수함을 보여주고 있습니다.
"사토르 격자시"라는 운으로 사토르 격자시와 같이 상하좌우가 같은 시를 하나 만들어 보면,

<이탈리아에서 보이는>

사 토 르 격 자 시
토 리 노 한 량 가
르 노 아 르 보 고
격 한 르 뽀 실 상
자 랑 보 실 만 해
시 가 고 상 해 요

그런데 이 사토르 격자시가 오랫동안 알려져 오면서 서양 사람들은 비슷하게 쓰는 시도를 해보았지만, 전혀 가능하지 않아서 비슷한 시가 알려져 있는 것은 없으나, 많은 사람들이 여러 가지 방법으로 해석을 해보느라고 노력했습니다. 그중의 어떤 사람들은 원래의 사토르 마방진의 글자들을 모아서 여러 가지 위치로 변경시켜 글을 만들어 보았는데, 위치를 잘 변경시키면

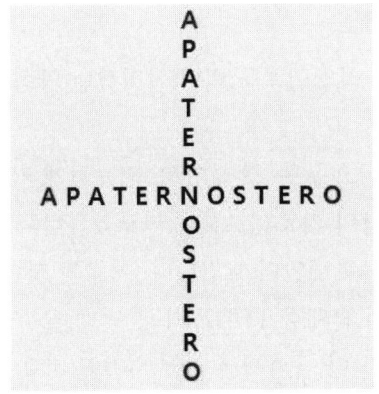 으로 변형이 될 수 있습니다.

이 경우에 '사토르 격자시'는 여기서 아주 색다른 내용을 보인다고 합니다. 잘 맞추어 윗글처럼 배열을 하면, 한가운데 'N'자를 중심으로 상하 좌우로 십자가 형상을 그릴 수 있습니다. 그 바로 위 아래 줄 가장자리는 'A'자와 'O'자가 있는데, A자와 O자는 알파(Alpha)와 오메가(Omega)를 상징한다고 보고 있습니다. 그래서 이렇게 배열을 하다 보면 알파와 오메가를 상징하는 A와 O를 좌우 상하 기점으로 하여 펼쳐진 십자가에는 놀랍게도 좌우 상하 모두 "PATER NOSTER (라틴어로 하나님 우리 아버지)"라는 글을 확인할 수 있었다고 합니다. 즉, "알파요 오메가이신 전능하신 하나님 우리 아버지"가 십자가 속에 숨어있었던 것입니다!
그래서 나도 "알파와 오메가"를 초기 운으로 하여 한글로 사토르 격자시와 유사한 가로세로 행시를 써봅니다.

<하나님을 담고 있는 詩>

알 파 와 오 메 가
파 도 도 늘 추 장
와 도 神 이 라 오
오 늘 이 호 기 래
메 추 라 기 꿈 된
가 장 오 래 된 시

** 여기서 메추라기는 하나님이 광야에서 이스라엘민족을 먹여 살리셨던 양식 입니다
사토르 격자시는 우주보다도 더 큰 하나님을 담고 있는 것 같아서, 비슷하게 가로와 세로로 읽는 형태로 알파와 오메가를 담아 가로세로시를 써보았습니다. 거기에다 우리가 사토르 격자시를 다시 보면 블록체인이 보입니다. 가로의 첫 번째 줄 SATOR의 세 번째 글자 T가 세로로 세 번째줄 TETET의 첫 번째 글자로 공유하고 있어서 글자를 하나 바꾸면 전체가 다 달라져서 바꿀 수가 없지요. 가로와 세로를 같은 문장을 가지고 있는 사토르 격자시는 글자 하나 하나가 가로와 세로에 공유되고 있어서 이미 블록체인의 개념을 가지고 있는 암호형태의 시의 형상을 가지고 있습니다.

기존의 블록체인은 그 블록을 많은 사람이 공유하도록 하고, 내용을 바꿀 수 없도록 해서 암호화폐와 첨단 산업에 활용하고 있지요.
그런데 이 방식은 오래 전부터 사토르 격자시에서 사용했던 방법과 유사한 방법입니다. 우리 인류는 이미 암호화폐를 돈으로 취급하는데, 이 시도 돈이나 마찬가지지요. 가로와 세로가 글자를 공유하고 있는 가로세로시를 만드는 것은 새로운 돈을 만드는 것과 마찬가지인 멋진 일입니다.

<블록체인을 담은 가로세로시>

블록체인 행시, 사토르 馬方陣
록색 인증 시가 토하네우 진실
체인 고리의 멋, 르네쌍스 이해
인증 리얼 취지, 마우스를 回回
행시의 취미, 네 方陣이 回轉門
시가 멋지네, 참 진실해 回文詩
사토르 마방진, 멋진 시 레이블
토하네, 우~ 진실 진한 간이 어록
르네쌍스 이해 시간, 더블인 체
마우스를 回回, 레이블 재생인
方陣이 回轉門 이어, 인생 역행
진실해 回文詩, 블록체인 行詩

블록체인행시사토르마방진
록색인증시가토하네우진실
체인고리의멋르네쌍스이해
인증리얼취지마우스를회회
행시의취미네방진이회전문
시가멋지네요진실해회문시
사토르마방진멋진시레이블
토하네우진실진한간이어록
르네쌍스이해시간더블인체
마우스를회회레이블재생인
방진이회전문이어인생역행
진실해회문시블록체인행시

그리고 또 하나, 사토르 마방진시를 해석함에 있어서 공상이나 상상이 아니라, 모든 것을 다 떠나서, 실제로 우주의 초기 상태부터 생각해보기로 합시다. 과학자들은 우주가 한 점이었다고 이야기합니다. 현재 과학적으로 인정이 되고 있는 빅뱅 이론을 말하고 있는 것입니다.

초기의 한 점이었던 우주는 폭발해서 거의 빛의 속도로 퍼져 나갔습니다. 그래서 지구에서 본 우주의 크기는 140억 광년 정도 되는 것으로 관측되며, 실제로 우주망원경에서 보면, 138억 광년 거리에서 온 빛들이 관측이 됩니다.

그런데 1억 광년 거리에서 온 빛이 만들고 있는 영상을 생각해보면, 빛이 오는 동안 1억년이 걸렸을 것이니까 1억년 전에 일어났던 일들이 담겨져 있을 것입니다. 그리고 빅뱅초기의 138억 광년 거리에서 온 빛들은 어느 방향에서 보나 유사한 특성을 가지고 있는 빛이 보일 것이고, 실제로 그렇게 보이고 있어서 우주배경이라고 표현을 합니다.

크리스토퍼 놀란 감독이 그렇게까지 생각을 해서 이 영화를 만든 것인지는 잘 모르겠지만 우주가 팽창을 하면서 흐르는 시간이 거꾸로도 우주 망원경에 고스란히 담기고 있다는 것입니다. 그래서 우리는 우주의 탄생부터 현재까지의 모든 우주를 보고 있는 거지요, 이 시가 보여주고 있는 것 처럼요.

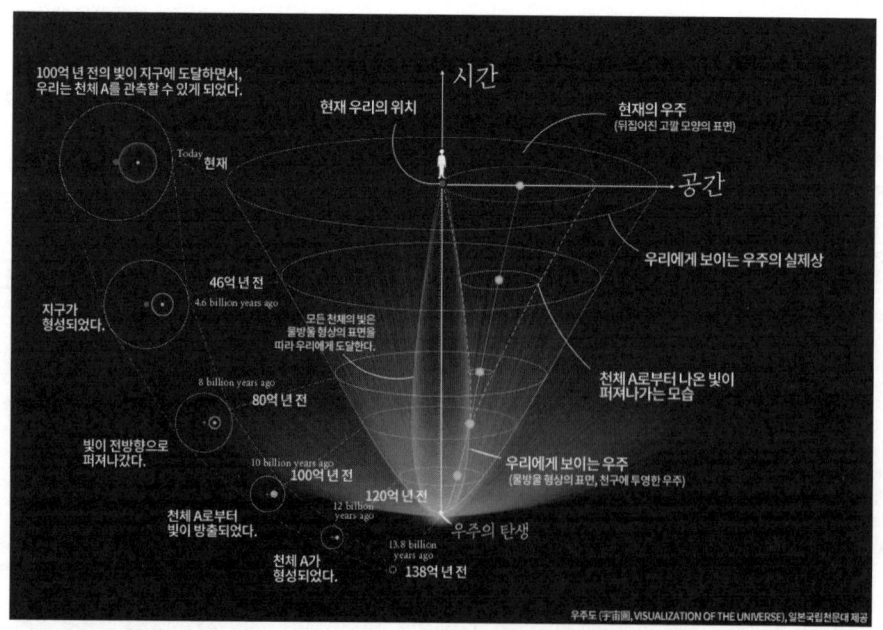

142

크리스토퍼 놀란 감독이 테넷에서 보여주고 있는 것처럼 시간이 앞 뒤로 흐르고 있고, 물질에 따라 앞으로 흐르는 시간을 타고 있는 물질과 뒤로 흐르는 시간을 타고 있는 물질이 별도로 존재하는 것은 아니지만, 사토르 마방진시처럼 앞으로 흐르는 세월과 그 이전에 뒤에서부터 와서 보이는 세월의 빛이 공존하고 있는 우주이네요. 사토르 마방진처럼 앞으로도 뒤로도 도는 것이 하나님이 운행하시는 우주입니다. 그런 의미로 "사토르 마방진의 진실"을 운으로 가로세로시를 다시 하나 씁니다.

<정말로 현재와 과거가 담겨>

사 토 르 마 방 진 의 진 실	사토르 마방진의 진실
토 대 네 요 진 실 의 실 제	토대네요, 진실의 실제
르 네 쌍 스 의 해 가 도 로	르네쌍스의 해가 도로
마 요 스 가 회 회 도 모 하	마요스가 回回 도모下
방 진 의 회 전 문 모 르 나	방진의 回轉門 모르나?
진 실 해 회 문 시 하 나 님	진실해 회문시, 하나님
의 의 가 도 모 하 다 이 지	의의가 도모하다이지
진 실 도 모 르 나 이 글 은	진실도 모르나? 이 글은
실 제 로 하 나 님 지 은 시	실제로 하나님 지은 시

** 마요스 (Mayo's): 마요네즈와 같은 소스 들을 지칭 ("마요"의 복수)

다음에 생각해 볼 것은 태초가 바로 우리 눈앞에 있음을 알려주는, 우주의 탄생시 태초로부터 온 빛이 보여주는 우주의 배경 사진입니다. 우주의 시작은 과학자들은 140억 년 전에 발생한 빅뱅이라고 이야기하고 있고, 한 점에서부터 시작하여 빛의 속도로 빠르게 팽창하여 현재의 400억 광년 이상의 크기를 갖는 우주가 되었다고 하며, 그 흔적이 여러 곳에서 나타나고 있습니다.

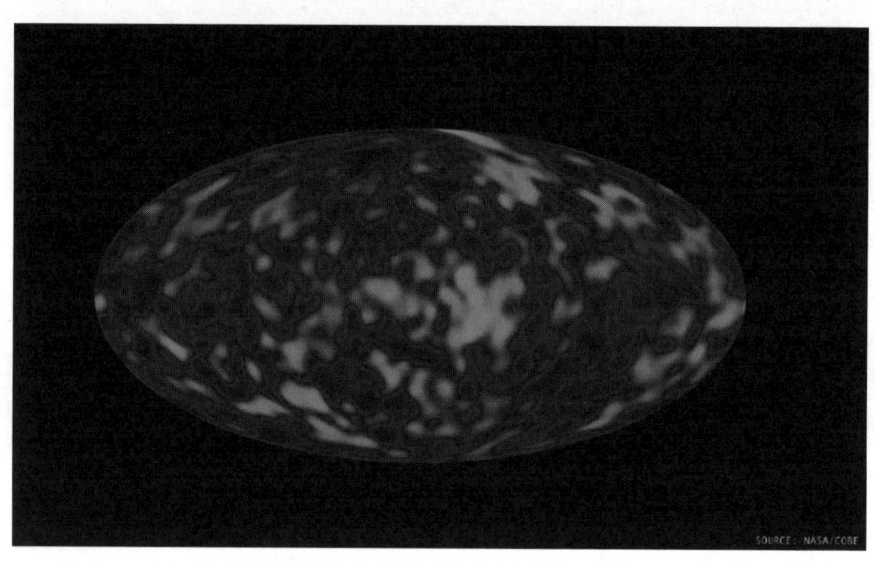

여기서 우주 망원경을 통해 과거의 우주를 보여주는 가로세로시를 하나 쓰면

<망원렌즈로 찍으니>

우 주 도 담 기 네 요
주 워 모 은 채 취 술
도 모 겨 우 집 미 처
담 은 우 주 꿈 처 럼
기 채 집 꿈 먹 음 다
네 취 미 처 음 펴 가
요 술 처 럼 다 가 와

우주가 담기네요
주워 모은 채취술
도모, 겨우 집, 미처
담은 우주 꿈처럼
旣 채집, 꿈 먹음다
네 취미 처음 펴가
요술처럼 다가와

그리고 성서에서는 "하나님이 빛이 있으라 하시니 빛이 있었고, 이 빛이 하나님이 보시기에 좋았더라"라고 표현이 되고 있어서 처음에 폭발이 되어 빛이 나오며 빛과 같은 속도로 팽창하고 있는 우주팽창설과 상당히 유사하며, 동양의 태극사상도 혼돈되어 있는 우주의 복사배경과 비슷한 형태를 가지고 있어 동서양을 막론하고 선조들의 지혜가 대단함을 느끼게 합니다.

< 우주의 기원은? >

우 주 기 원 하 나 님　　우주 기원, 하나님
주 님 원 하 시 는 이　　주님 원하시는 이
기 원 의 시 는 주 만　　기원의 시는 주만
원 하 시 는 키 워 드　　원하시는 키워드
하 시 는 키 를 아 는　　하시는 키를 아는
나 는 주 워 아 뢰 우　　나는 주워 아뢰우
님 이 만 드 는 우 주　　님이 만드는 우주

하나님께서 만드신 우주는 정말 멋진 곳입니다. 인간은 그저 일부만 사용하고, 전체는 좋은 망원경을 통해 볼 수 있을 뿐이지요. 빛이라는 존재를 만들어서 우리가 볼 수 있게 해 주신 것 만으로도 대단히 감사한 일이지요.

서양에는 소네트라는 끝 운을 맞춘 14행시가 있습니다. 우리도 일찍이 가나다라 14 행시를 써왔습니다.

우연이라도 14행으로 된 행시라는 게 놀랍도록 유사하지요. 통상적으로 가나다다 행시의 경우 머리에 운을 넣는데 이번에는 소네트와 유사하게 말미에 가나다라를 넣어봅니다. 그리고 머리의 운은 "우주의 기 받아서 좋은 행시 써보자"로 넣어 앞 뒤 양쪽에 운이 들어있는 행시를 씁니다.

<우리가 가진 우주>

우주가 무한한 가
주님이 만드셨 나
의도는 명백하 다
기쁨을 주시리 라
받은것 겁먹지 마
아버지 원하는 바
서둘러 지시하 사
좋도록 만들잖 아
은근히 나타내 자
행복한 우주조 차
시원한 케이블 카
써보니 너무좋 타
보내서 말하고 파
자연을 찬양축 하

그리고 다시 하나님의 손바닥 안에 있는 작은 세상을 담고 있는 사토르 격자시를 묘사해서 표현해 봅니다

<우주를 담은 사토르 시를 보면>

세 상 이 돈 짝 만 해
상 고 대 오 지 고 가
이 대 로 구 은 에 갈
돈 오 구 한 글 한 수
짝 지 은 글 볼 수 록
만 고 에 한 수 명 작
해 가 갈 수 록 작 품

세상이 돈 짝 만 해
上古 大悟 지고 가
이대로 구은에 갈
頓悟 구한 글 한 수
짝 지은 글 볼수록
만고에 한 수 명작
해가 갈수록 작품

** 상고 대오: 오랜 옛날의 큰 깨달음
** 구은: 九天의 끝, 天地의 끝을 이르는 말
** 돈오: 갑작스런 깨달음

마지막으로 나만의 우주를 담은 가로세로시를 하나 소개합니다.
이 시는 가로 세로 35자씩 배열이 되어 있는 현재 세상에서 가장 긴 가로세로시입니다.
이렇게 긴 문장이 가로로 읽어도 세로로 읽어도 똑같은 말이 되는 새로운 한글 세상을 보실 수 있을 것입니다.

참고로 제가 소속되어 활동하고 있는 한국행시문학회 회원님들 중에도 저와 같이 가로세로형 퍼즐행시를 잘 쓰시는 몇 분의 시인이 계시며, 중국에서도 가장 긴 가로세로 행시가 나왔는데 거기서 활동 중인 조선족 동포 작가 박운호 시인이 **가로세로 16글자**의 행시를 써서, 대단한 작가가 탄생했다며 우리 교민들에게 많은 사랑을 받고 있다고 들었습니다

<하늘과 바다와 별과 달이 쓰는 시>

마음이즐거우면시구아름답다하늘과바다와노을천개별과달하나금새다빛난다오
음악의거장이장시절름름하다늘상정다운글을싸하천에하늘해와새벽별이은정이
이의기운이동해바다다한다함에또있는후와긴한별이깨지고와요다별님은혜이빛
즐거운마음을아름다운당신께바다는백점글적어표하지요이같이빛이은맘에별이
거장이음악리메이크당신축하룬후점점홍색둔달늘고이많은별난은혜에별되는
우이동을리딩리드한신과하늘와글와글홍색물이하해와같은은사네눈이물되는밤
면장해아메리카넓이토지는이노을긴적색물되오나와요이별사랑별에빛이는밤에
시시바름이드넓은음의즐거움연한어둠빛오면금새다빛난네별상상그이상도달
구절다다크한이음악할거비튼마음움직인시세수새벽별이은눈에상상하는두레도
아름다운당신토의할염려해생악솟고간원한시다별님은혜에빛그하늘파아라요
름름한당신과지즐거려글보인움솟는시뜻한에로빛이은맘에별이이는파란마음봄
답하다신축하는거비해보증한직고시써보사꼬불이은혜에별되는상별아마음악을
다다함께하늘이움튼생인한명인물상본듯이르러라한이별되는밤도레라음악을봐
하늘에바다와노을마음움직인명경같은하늘닮아네별빛이는밤에달도요봄도봐요
늘상또다룬글을연음악솟고그경치은근이좋으리낭만적꽃길동행꽃속내진정한봄
과정있는후와긴한움솟는시상같은꿈이좋은니랑만난시인생행복의사심다참아
바다는백점글적어직고시써본은근이좋아꿈너도적시어생명다한내사반가운날씨
다운해점점홍색둔인간뜻보듯이좋아삶에옷세꽃인생담은詩美진심가는맘이가
와글와글홍색물빛시원한사이늘좋은꿈에본세월길이命은찜하소정다운맘이네오
노을긴적색물되오세한에꼬르닮으니너웃세같이동행다시하는가한참봄이네다시
을싸한어둠이오면수시로불러아리랑도세월이어행복한미소가득봄아씨제오시니
천하별표달하나금새다빛이라네낭만적꽃길동행꽃속내진정한봄새들이날아온들
개천에하늘해와새벽별이은한만난시인이행복속의사심다참아들을사랑하다꽃
별이깨지고와요다별님은혜이빛적시어생명다한내사반가운봄씨이사람들멋고향
과하지요이같이빛이은맘에별이꽃인생담은詩美진심가는맘이제날랑들어저너머
달늘고이많은별난은혜에별되는길생명은찜하소정다운맘이네오아하멋저맘의문
하해와같은은사네눈이별되는밤동행다시하는가한참봄이네다시온다고너의호언
나와요이별사랑별에빛이는밤에행복한미소가득봄아씨제오시니들꽃향머문언덕
금새다빛난네별상상그이상도달꽃속내진정한봄새들이날아온들늙은호박에도꽃
새벽별이은눈에상상하는벌레도속의사심다참아들을사랑하다꽃은근감색도취향
다별님은혜에빛그하늘파아라요내사반가운봄씨이사람들멋고향호감이미한해에
빛이은맘에물이이는파란마음봄진심가는맘이제날랑들어저너머박색미거참도취
난은혜에별되는상두아마음악도정다운맘이네오아하멋저맘의문에도한참사모한
다정이별되는밤도레라음악을봐한참날이네다시온다고너의호언도취해도모하나
오이빛이는밤에달도요봄을봐요봄아씨가오시니들꽃향머문언덕꽃향에취한나비

김양수

고교 재학 당시 MBC 장학퀴즈 장원
인도 뉴우델리와 뭄바이 국제생산성과정 수료
현대그룹에서 오랜 근무를 마침
아시아나 라이센싱 대표이사
영화 듄과 뽀빠이, 세서미 스트리트 등 콘텐츠 라이센스 사업
휘시향 회원

물과 불의 나라 아이슬란드 링로드 일주기

2019년 8월 중순

오지 탐험을 계획하고 있던 저는 캄챠카반도 화산지대와 탄자니아 사파리 를 마치고 나서 다음 후보지로 아이슬란드를 선정, 탐구 계획에 나섰다.

우선 Lolnely Planet 서적 아이스랜드 편을 구입, 전체 일주 계획을 세우고 집사람을 설득시키고 최단코스인 핀란드 항공편 예약과 렌터카 예약을 마치고 아이스란드 링로드 일주 계획에 나섰다.

1일차 밤 비행기로 인천공항출발 하여 2일차 헬싱키 경유, 발음도 힘든 수도 레이캬 비크에 새벽에 도착하였다.

수도로 가는 길옆은 용암지대로 인터스텔라 영화 촬영의 나라다웠다.

3일차 레이캬비크의 블루라군에 가서 온천욕을 즐겼다. 블루라군은 화산암으로 둘러싸인 화산지대에 위치한 세계 최대 자연온천으로 실리카 성분으로 우유색이 섞은 듯한 청자색으로 명불허전이었다.

이어 4일차에는 골든 서클이라는 수도외곽의 6분마다 분출하는 간헐천인 게이사르를 보고

1930년에 세계최초 민주의회를 세웠다는 알싱그가 있는 싱베리어 국립공원을 거쳐, 환상적인 2단 폭포를 자랑하는 굴포스를 가까이 가서 지켜보았다.

5일차 이어 본격적으로 남부 여행에 나서게 되어 레이캬비크 출발 121km인 폭포 뒤에서 폭포를 볼 수 있는 셀야란드스 포스를 보았다.
물방울이 많이 튀었으나 폭포 뒤 폭포에서 본 평원이 인상적이었다.

링로드는 외길이어서 중간에 천천히 차를 운전하여, 단속이 있었으나 외국인이어서 딱지는 면제되었다.
이어 비크마을에 도착 검은 모래의 해변에 있는 주상절리인 레이니스피아라와 바다로 뻗어있는 코끼리 바위인 디르 홀레이에 갔으나 비바람이 몰아쳐 해변 가까이는 가지 못했다.
그래도 검은 해변은 인상적이었다.
6일차에는 비크를 출발 140km를 달려 주상 절벽에서 쏟아지는 폭포를 볼 수 있는 스카프 타펠에서 폭포를 보고

이어 폭포 위를 옆길로 올라가 트래킹을 하였다.

이어 푸른 빙하를 따라 여름에
얼음의 나라를 체험하는 요클
살론에 도착하여 빙하를 보고

이어 요클살론 출발, 80 km에 있는 작은 항구마을 호픈에 도착, 꿀잠을 자고
7일차에는 185km를 달려 아이스랜드 동부 세이르스피요르드를 보고 에일스타디르에 도착,
8일차에 는163 km를 달려 북부지방인. 미바튼으로 이동 웅장한 소리가 울려퍼지는 델티포스와 셀푀스를 보고 미바튼 네이쳐바스를 경유하여
9일차에는 미바튼 출발, 100km에 있는 북부 수도인 아퀴레이라르 키르카에 도착하였다. 가는 길이 경사 40도를 오르내려 운전이 무척 힘들었다.
중간에. 유황 냄새. 가득한 노란색 용암지대와 소다색 비티분화구가 있는 크라플라를 경유하게 되었는데 창세기가 시작되는 느낌을 받았고
아퀴레. 이름 같이 물맛과 온천수 맛이 지금도 느껴진다.
10일차에는 이어. 스나이스펠스네스 반도 커크주펠 산에서.
잠시 휴식을 취하고

이어 수도로 가는 길에 기생화산지대에서 트래킹을 하였디

11일차에는 아이스랜드 수도에 도착. 우주선처럼 생긴 할그링스키르캬 교회
와 시내 구경을 하고, 귀국 준비를 하였다.
12일차에는 헬싱키 경유, 인천으로 무사 귀환 하였다.
공기를 캔에 넣어 파는 것과, 맥주 맛이 인상적이었고
가는 곳곳 온천과 말, 양의 방목 기원전 연상.
화산 지대도 인상적이었다.
다음에 또다시 갈 기회가 있다면 여름에만 오픈 한다는 내륙지방 트래킹을
하고 싶은 욕망이 지금도 떠오른다.

김연수

김앤장 법률사무소
한양특허법인 대표변리사
사단법인 피올라 이사장
휘브라더스, 휘시향 참여

<강가에 스치는 바람>

강한 애비 돼 보려고
가엾게 지친 몸 끌고 다니길
에효 ~~

스물 아홉부터 그 몇 해인가.
치기 어린 삶 살아오니
는 것은 주름살뿐.

바라기로는 이제부터라도
람보 같은 용사로 거듭나야지

<행복이 별 것이던가?>

행복이나 진리는 멀리 있지 않습니다.
저 높은 곳에 멀리 있지도 않지요.

복잡한 세상 속이지만 쉽게 잡을 수 있는 곳
지금 여기 바로 이 순간, 그대가 보는 것에..
듣는 것에, 맛보는 것에, 만져지는 것에..있지요

이런 주말에 해가 중천에 뜨도록
늦잠 한번 실컷 자는 것도 꿀맛 같은 행복이지요..

별 일없나 하던 차에 간식 사들고
귀가하는 식구가 있다면
그것도 가뭄에 단비 같은 행복이지요..

것잡을 수 없는 바쁨 속에
약속 시간이 촉박해 뛰어가는데
신호등이 때마침 초록불로 바뀌면 그 또한
소소한 행복이지요..

이렇게 힘든 일이 있어 누구에게도
말 못하고 혼자 끙끙거릴 때
마치 위로라도 하듯이 발치에서 몸을 기대오는 우리집
강아지나 고양이의 눈을 들여다보며 쓰다듬을 때
그때가 또한 따뜻한 행복의 순간이지요..

던져진 세상,
지금 바로 이 순간 열심히 일했기에 휴식이 달콤한 것이며
배가 고팠기에 음식이 맛난 줄을 아는 것이 행복이지요

가만히 앉아 있으면
바람이 통하고 생각이 흐르고 시간도 흐르고..
삶이 그렇게 그렇게 평화스럽고 따뜻하게 흐릅니다.

<미래를 꿈꾸며>

시간이 흐른다고 그저 미래가 되진 않는다.
대부분의 사람들에겐 시간이 흘러도 그냥 과거가 현재로 연장될 뿐이다.
미래란 것은 현재의 꿈이 이뤄지는 상태를 말하기 때문이다.

대다수 사람들은 시간은 흐르는 것이라고 믿고 있다.
하지만 성공하는 사람들에겐 시간이란 창조하는 것이다.
내가 시간을 만들고 그 안에서 무언가를 꽃피워내는 것이 미래다.

그대가 연애하던 시절을 돌아보라.
또는 그대가 취업이나 사업을 시작할 때를 돌이켜보라.
그대는 아무리 바빴어도 그것을 위해 몰입하는 시간을 만들어냈다.

미래는 이렇게 만들어지고 다가오는 것이다.
나에겐 아직도 작지만 하고 싶은 열 개의 버킷 리스트가 있다.
나는 그와 더불어 오늘도 미래를 꿈꾸며 미래에 도전한다.

시간이 흐른다고 그저 미래가 되진 않는다.
미래는 꿈꾸고 도전하는 자에게만 다가온다.
나는 아직도 미래를 꿈꾸며 분홍빛 가슴으로 설레며 산다.

<새해 첫날 아침>

새해 아침
해마디 반복하지만

첫날 일찍 일어나
날마다 오르는 뒷산에

아침 공기를 마시며 오른다
침잠했던 지난해는 가라!.

<일, 사람, 돈에 대한 태도>

삶 속의 일들을 해결해야 할 숙제로 보지 말고
체험하고 즐기며 스쳐 보내야 할 축제로 대하라.
기쁘나 슬프나 이 또한 지나가리라는 명언을 잊지 말라.

삶 속의 사람들을 평가하거나 싸워야 할 상대로 보지 말고
내가 같이 웃고 사랑하고 배워야 할 존재들로 대하라.
좋거나 나쁘거나 모두로부터 배울 것이 있음을 잊지 말라.

삶 속의 물질들을 뺏아 가져야 할 재물로 보지 말고
우리 모두가 그 속에 잠깐 거하는 우주의 에너지라 여겨라.
많거나 적거나 에너지는 관리가 필요한 것일 뿐임을 잊지 말라.

김일현

국립경상대학교 의과대학 교수
SUNY at Buffalo Visiting Scholar
연세치과의원(삼천포) 원장
휘시향 회원

나를 나 되게 한 것

어머니 감사합니다.
등대를 스치는 바람이
팔 할이나 나를 나 되게 하였다면
진자리 마른자리 갈아 누이신 당신은 전부 입니다.

젖만 먹던 시절 없이
장성한 지금이 있을 수 없듯이
온갖 세상 지식을
온전하게 거름 없이 효율성만 따져 흡수하도록

내모는 나라에서
당신의 열정, 거울 같던, 모형인
내리 사랑이 지금의 나로 이끌었습니다.

신여성 교육을 받았기에
배운 만큼 행복한 것은 아니나,
호령하고 부리고 누릴 수 기회가 많은
나라인 것을 몸소 체득하였기에

내 학교를 자주 찾았고,
어린 나이에도 그것이 난 부끄러웠답니다.

아내여, 애들 엄마여 감사해요.
가야 할 천국의 완전함과 지옥의 참상을 알게 되었기에,
영혼 구원의 필요성이 절실하고 사무쳤기에
자극인 양 저주에 가까운 말도 뱉었던 그 때,

당신이여 미안해하지 마세요.
안타까움이 너무 앞서서
굳은 마음이 연하여지고, 귀가 열리고, 눈이 밝아지는 것이
당신의 열정으로도 가능할 줄 알았기 때문이었겠지요

난 당신과 달랐지만, 떠날 수가 없었습니다.
그런 뜨거움이, 그만한 사랑이 내겐 없었으니까요.
내리사랑은 치사랑이 닮아야 할 본입니다.

삶이 내 뜻대로, 마음먹은 대로 다 되는 세상이면
찾겠습니까? 하나님께 온전히 내려놓겠습니까?

선별적으로, 대소 귀천을 가리지 말고 온전히 내어드립시다.
하나님 홀로 다 하시게...
울지 마소서! 안타까워하지 마세요.
사랑하는 나의 두 여인이여!

<2017년>

파산破産 신청

가만히 걷던 나를 더 놀래키고
연신 두리번거리던 인기척에 놀란 작은 새는
멀리도 못 가고 주변에 앉고서도 새가슴이다.
더 좋은 것을 집으면 울며불며 움켜쥐었던 것을
미련 없이 내려놓는 아이들 마음을 닮고,
포도를 따먹으려 폴짝거리던 우화 속 여우의
'신 포도는 안 먹'어 하는 애처로운 푸념도 체념이 없이,
이제라도 영원한 것만으로 채우고 싶다.
할 수 있어도 안 하는 것, 절제하는 능력으로 살고 싶다.
부지중에 천사를 대접하며,
닮고자 하는 이웃이 비웃는 '바보'로 불리고 싶다.
보듬고 때론 함께 가야 할 여생,
'다오 다오'만 하고, 홀로 사는 삶을 청산하여
진정, '바보 예수'를 닮아 가고 싶다.

<2025. 08. 20.>

<2025.08.27.>아침 7시30분 죠이(김하은金荷恩)탄생

하나님 아버지 감사합니다.
월요일부터 오늘(수)까지 이런저런 방도로 지켜 보호해 주시다가, 결단을 내리어 제왕절개 하게 하시어, 산모와 애기 모두 힘들이지 않고 좋은 결과를 얻게 하시니 고맙습니다.
"(행 14:17)그러나 자기를 증언하지 아니하신 것이 아니니 곧 여러분에게 하늘로부터 비를 내리시며 결실기를 주시는 선한 일을 하사 음식과 기쁨으로 여러분의 마음에 만족하게 하셨느니라 하고"...
비를 내려 결실하게 하시어 음식과 기쁨을 주는 것이 하나님의 자신에 대한 증언이요, 축복이요 은혜라 하셨는데, 천하보다 귀한 죠이를 주셨는데, 하나님이 함께 하신다는, 더 어떠한 증거가 필요하겠습니까?
며칠 동안 잘 견뎌낸 우리 며느리 크리스틴, 어머니가 제일 필요할 때, 두 분의 어머니가 모두 곁에 함께 하지 못하여 안타깝고 미안하지만, 대신, 기도로 함께 한 시간 시간들이 더 귀한 은혜의 시간으로 기억되기를 바랍니다. 효준이와 지혜가 참 장합니다. 누구도 의지함이 없이 오직 하나님께만 기도한 이 시간을 귀하게 기억하기를 바랍니다. 함께 기도하고 기뻐하는 효진이 가족도
축복하셔서 기쁠 때나 슬플 때나 함께 사랑을 나누는 가족이 되게 하옵소서.
예수님의 이름으로 기도 드립니다.
아멘.
*荷 연꽃의 의미뿐만이 아니라 은혜의 뜻도 있다. 恩 은혜의 의미뿐만이 아니라 사랑과 감사의 의미도 있어, 荷恩은 주변과 감사와 은혜로 소통하고 티 없이 깨끗한 마음으로 은혜를 베풀거나 받는다는 뜻

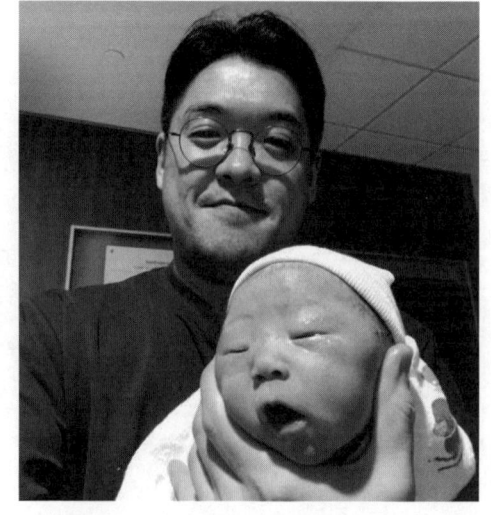

아들의 생일날에

바람이 없으면
구름이 산을 넘기가 어렵고,
사람은 사랑이 없으면
인생을 살아내기가 힘들다는데,

그래...
사랑은 미쁜 힘이 되지만
바람은 항상 그런 것은 아닙니다.
산이,
어떤 때는 구름이,
좀 더 머물렀으면 할 때
재촉하는 바람은 한이 됩니다.

하지만,
결국은 선하고 옳은 섭리이기에
스스로 옅어지고,
언제나처럼 엎드리어 디딤돌이 되어주는
그것이
사랑입니다.

2021. 09. 01.

형님! 감사합니다.

*1984년 여름,
좋아해 주셨던 막내 처제의 짝이 될 친구를 환대해 주심.
*1984년 11월 11일
충무 관광호텔의 결혼식장에 외국인과 참석하심.
멀고 험한 중국 북한 사업의 시초였을 듯.
*결혼 후,
대학병원 휴가 때면, 남천동 저택에서 온갖 것 먹여 주심.
겨울에는 무주 리조트로 처가 식구들을 초대하여 full service.
진과 준에게 일찍부터 스키를 접하게 하심. 킹크랩도 박스 째.
정작 당신은 사업으로 바빠 말년에야 스키를 즐기심.
충무에서 장인과 장모님께 살갑게 대하시는 것에 부러움을 느낌.
*1996년 장모님 칠순 잔치
소연이 마저 보스턴으로 유학(1997년) 간다고 하는 소식을 들음.
기러기 아빠의 시작
*1996년 6월 24일 SUNY 버팔로에 교환교수로 출국하는 당일
김포공항에 직접 오셔서 마음과 물질로 격려해 주심.
*1997년 12월 31일. 눈보라 속.
병한, 소연이와 처형을 뉴저지에서 만나 버팔로로 함께 감.
*1998년 귀국 이후
투석하시면서도 긍정적인 생활 태도에 놀라움.
충무마리나 리조트 가족 모임 후 새벽에 먼저
나올 때, '김서방, 가나~'하시던 목소리가
아직도 쟁쟁. 심장 수술 후 욕창으로
고생하심. 당뇨발로 고생하심.
*2021년 12월 3일.
많은 감사거리만 주시고 가셨습니다.

완치시키실 하나님

검게 변해가는 얼굴 홍조에 돌아 누운 이여
피하지 말고, 부끄러워 마소서.
아직도 달동네 빙판길에 더없이 고마운
몸 태워 덥혀주고, 퍽퍽 발에 밟혀 낙상을 막아주는 연탄 같이,
당신 주변의 어느 누구에게도,
깔끔하게 정리된 구석구석까지
당신의 손길 닿지 않은 곳이 없습니다.
사진 속 뽀얀 얼굴로 회복되는 날,
옛 이야기 할 적에
함께하셔서 누렸던 평안과
한결같이 동행하시는 하나님 얘기를 증언합시다.
아직 끝난 게 아니니
구멍 숭숭 난 아픔의 시간들을
감사의 기도로 메우며 살아 갑시다.
<2023.11.30>
(습 3:17)
너의 하나님 여호와가 너의 가운데에 계시니
그는 구원을 베푸실 전능자이시라 그가
너로 말미암아 기쁨을 이기지 못하시며
너를 잠잠히 사랑하시며 너로 말미암아
즐거이 부르며 기뻐하시리라 하리라

중환자실의 친구

소견에 옳은 대로 살더니 저렇다고 함부로 말하지 말자.
숱한 낮과 밤의 기도와 고민의 결과인지 주님만 아신다.
'성화'를 밟으면 '너도 살고, 교인들도 살려 주겠다'는 악렬함에
'밟아라, 짓밟아라' 하시며
위로하시던 주님의 음성을 그도 들었을지 모릅니다.
멀쩡하게 걸어 들어가서,
조여 오는 두려움과 죽음의 공포 앞에서도
전해지는 말씀에 원망과 탓하지 않고 '아멘, 아멘'하던 친구,
살아 있어도 언약에 대한 믿음이 없다면 항상 복된 삶은 아니기에
합력하여 선을 이루실 침묵하시는 하나님을 믿습니다.
훗날 천국에서 마주할 친구 앞에서,
육신이 이끄는 욕심들을 차단하지 못해서 안타깝고,
마음의 원대로 선하지 못하여 피눈물이 나에게
'인간은 이렇게 슬픈데, 주여, 바다는 너무나 푸릅니다.'
이 구절은 참이고, 믿음의 동력이 될 것입니다.
<2019. 06. 06.> 중앙병원

즐기는 이 없으나 꽃을 피우고, 떨구며 봄날은 간다.

아직은 두터운 겨울 옷이
휘몰아치던 찬 겨울의 추억을 떠올리게 하는데
전혀 찬기가 없는 봄바람에도
꼭 이맘때의 가는 봄비에
막 개화한 벚꽃이 속절없이 진다.
아쉽지만 대비는 있을 수가 없습니다.
세계 구석구석의 소식들이 실시간으로 전해지니
모르는 것, 못 느낄 것이 없다고 하는 인간들은
무한 경쟁 속에서 높아지고, 쌓으려고만 합니다.
그 경험과 지식 때문에 오히려 숨기고, 왜곡하며
보고 싶은 것만 보고, 들으려 하기에
눈 감기고 귀 닫혀서 더 큰 낭패를 보게 될 것입니다.

바다 건너 중국의 '코로나'의 소식이 통제되던 때
아들의 결혼식을 오직 축복 속에 치렀으니
언제나처럼 큰 은혜입니다.
타인의 행동이 곧바로 내게 영향을 미치는 초연결 사회에서
성숙된 이들은 오히려 더 돌아보아 축복하고, 영광을 돌리고
고통과 고난은 기록하여 교훈을 얻어야 합니다.

말세의 징조는 빈도가 잦아지고, 동시다발로 일어나는데
어쩔 수 없겠지만, 영원을 위한 대비는 늘 부족합니다.
거리 두기와 눌러쓴 마스크는 보이는 무관심인데,
하얗게, 노랗게, 연분홍으로 피고 지며 질서에 순응하는 봄 꽃들은
더 중한 병에 홀로 울부짖으며 기도하는 이들과 함께하라며
꽃잎을 흩날리며 심판의 여름을 준비하라는 듯합니다.

잔설 (殘雪)

골 깊은 골짜기 서로 만나는 끝
저기 먼 산봉우리에
행여나 기별 없이 오는 자식 줄려고
벽장 속에 고이 넣어둔 팥 시루떡 같은 잔설이 있네.

함께 사는 자식은
시루에서 막 꺼낸 포슬포슬 맛난 것을 먹고도
딱딱하게 굳어가는 떡일지라도
처음 것을 구별해 두는 정성에 철없이 시샘을 하고.

원하던 대로 못 받은 자식은
거친 몸짓과 말투로 설움을 안긴 부모님의
그 때 그들의 최선을 뭘 보며 알며,
구석진 그 자리를 언제나 알까?

내게 맡겨라

술 맡은 관원장이 요셉의 해몽대로 생명을 보전하고
그 연유(緣由)를 늦게나마 깨닫게 되어 풀려나니
꿈꾸는 자가 하나님이 함께하여 형통함을 만민이 알게 되었고,

하필이면,
책 읽는 왕의 습관이 잠 안 오는 밤에 읽은 역대 기록에서
공로에 상 주지 않은 것을 발견한 것이 한 민족을 살렸듯이,

곧, 보게 될 손자와 함께 봤으면 하는 애니메이션,
발레리나 '콩순이'의 발끝으로 콩콩 걷는 모습에서
나름 힘들었을 며느리의 삶의 여정이 느껴진다.

불현듯, 속병으로 입원했던 처와
집으로의 먼 길에 필요한 것들을 이것저것
야무지게 챙겨주었던 며느리를 흡족해했던 생각도 난다.

될 수 있는 대로 기억의 편린(片鱗)들을 생명을 주는 해석을 하고
능력 주시는 자 안에서 모든 것을 할 수 있기에
나의 각오 보다는 순종을 하자.
*
창세기 40장, 41장
*에스더 6장
죽다 살아나고도, 거듭남이 없는 68세 늙은이가

봄날의 약동과 조락(凋落)

나목(裸木)의 낙엽은
시린 나무 밑동을 감싸고
이른 봄 동백꽃 낙화는
송이째 붉은 몸 던져 동토를 덮는데

내 것, 내 것 하며
다오 다오 하는
탐심에 이끌려 사는 나는

피리 불 때 함께 춤추지 못하고
울 때 공감의 곡을 하지 못해
꽃 먼저, 이파리 먼저 피고 지는 짧은 봄날의
참 선한 이양식(移讓式)에 슬프고 부끄럽습니다.

여자의 일생

봄날
여느 새순들 보다 더 연하디 연하여
새색시 같던 감 잎은
핀 줄도 몰랐던 감 꽃이 떨어질 때 쯤
이파리들은 억세어져 가고
여기 저기 들추어야 보이는 작은 열매들을 품고 있다.
정원수도 아닌지라 특별한 보살핌이 없으니
오롯이 강한 햇살과 비바람,
벌레들까지 스스로 감당한다.
울긋불긋 한껏 멋지게 단풍 드는 가을
숭숭한 구멍에 단지 불그스레한 것이
다른 나무의 잎처럼 곱지 못한 것이
형편 어려울 때에
당신의 기호를 먼저 삼가던 부모님 같다.
오로지
감이 탐스럽게 익어가도록,
한 뼘 가을 햇살이라도 더 머금도록,
이른 이별을 하는 감 잎의 조락凋落은
여느 엄마들의 단심丹心과 다름없다.

효준과의 잠시 이별을 앞두고

오래 전부터 생각해 둔 버킷 리스트(**bucket list**)인지
참 복스럽게 잘도 먹는다.
보이는 것만으로는
변화가 적지만 치열했을 삶이 느껴져 애처롭다.

단순하고 간결하여 언제나 지켜 주고 싶은 아들의 삶인데
여태껏 살아온 것에 감사하고,
한계가 있음을 몸소 체득하여,
보이지 않는 것에 대한 가치도 차츰 알아가는 중인 듯하다.
이것도 더해보고, 저것도 더하여 지경을 넓혀 보면 좋겠는데...

전혀 흘려 듣지 않는 것만으로도 감사하고,
딛고 설 반석과 의지할 피난처에 대한 미쁜 믿음을
하루하루 다져 나가고 있기를 기도합니다.

2021.07.29.

김홍수

한국 에너지기술연구원 본부장
정가 가객모임 석관와 참여
휘문 재대전 교우회장
휘공당, 휘시향 참여

정가의 소개

나는 어렸을 적 공중목욕탕에서 할아버지가 탕 속에 앉아 시조를 부르는 모습을 본 적은 있지만 시조가 정가의 한 갈래라는 것은 몰랐다. 우리가 전통 성악이라고 알고 있는 판소리나 민요는 속악이라서 정가와는 뿌리가 다르다.

2012년 시조에 입문하여, 가곡, 가사, 시창 등을 부를 줄 알게 되었지만 국악에 대한 이론과 역사에 대해서는 잘 알지 못하고 또한 잘 정리된 서적이 있는 것도 아니어서 우리 고등학교 동기인 이승재 사범이 정리해 놓은 몇 가지 논문과 그 동안 이승재 사범에게 배운 내용을 바탕으로 정가를 소개하고자 한다.

국악은 궁중이나 선비들이 사용한 정악(正樂)과 평민이 사용한 속악(俗樂) 혹은 민속악(民俗樂)으로 구분된다. 정악은 기악 부문인 풍류(風流)와 성악 부문인 정가(正歌)의 두 부문으로 나뉘어진다[1]. 학창시절에 배웠던 아악(雅樂)은 송나라 궁정에서 사용되던 대성아악(大晟雅樂)이 고려 예종 때 우리나라로 들어와 고려와 조선 초기까지 궁정의 제사 혹은 연향(宴享)을 위해 사용되었던 음악을 말한다[2]. 정악의 기악 부문인 풍류는 다시 현악기 중심의 줄풍류, 피리를 중심으로 하는 대풍류로 나뉘어 진다.

정악의 성악 부문인 정가에는 가곡(歌曲), 시조(時調), 가사(歌詞)가 있다. 초장, 중장, 종장의 세 개 장으로 이루어진 시조와는 달리 가곡은 다섯 개의 장으로 이루어져 있으며, 시조에도 반주가 있을 수 있지만 가곡은 대금, 세피리, 해금, 거문고, 가야금, 장고의 반주에 맞추어 노래하는 것을 원칙으로 한다. 시조는 1770년 경 나타난 것으로 보고 있으며, 당시에는 문학으로서의 시조가 아닌 음악으로서의 시조를 지칭하는 것으로 보인다. 가사는 조선 중기에 발생한 노래로 보이며 가곡과 시조에 비해 형식이 자유롭고 꾸밈음인 시김새가 화려하다.

정가는 선비들의 음악이면서도 내면을 중시하기 때문에 노래를 부르는 즐거움보다는 정신 수양을 추구하는 측면이 강했다고 생각하고 있다. 선비의 책상 왼쪽에는 거문고가 오른쪽에는 책이 있어야 한다는 말인 좌금우서(左琴右書)는 우리의 조상이 얼마나 거문고로 상징되는 음악을 좋아했는지를 알 수 있도록 해준다.

학창시절 조선시대 3대 시조집이라고 배웠던 가곡원류, 청구영언, 해동가요는 모두 문학 작품집이 아닌 가집(歌集)이라고 보아야 할 것이다. 당시 성악의 전승은 구전심수(口傳心授)라 하여 스승의 노래를 듣고 똑같이 노래하는 것을 기본으로 했고, 따라서 악보는 존재하지 않았다.

시조는 서울, 경기 지방을 중심으로 하는 경제, 충청도를 중심으로 하는 내포제, 전라도를 중심으로 하는 완제, 경상도를 중심으로 하는 영제 등 다양한 형태로 발전해 왔으나 경제이외에는 향제라는 이름으로 통칭되고 있다.

가곡은 서양 음악의 장조인 평조와 단조인 계면조로 구분되며, 남창과 여창으로도 구분되어 있다. 남창 가곡은 26곡, 여창 가곡은 15곡이 전승되고 있다.

내가 정가에 대해 얘기를 하면 시조, 가곡, 가사에도 악보가 있다는 사실을 알고 놀라는 경우가 많다. 가곡은 늦어도 고려 시대부터 불려졌을 것으로 보이지만 악보로 나타난 것은 일제 강점기 때이다. 이미 세종대왕께서 궁중악을 기록하기 위하여 정간보(井間譜)라는 우리나라 고유의 악보를 만드셨으나 이 악보가 가곡을 기록하기 위하여 사용된 것은 일제강점기 시절 궁중음악을 전수하기 위해 설치된 이왕직아악부였다. 시조는 경제의 경우 정간보에 채보하였으나 향제의 경우에는 정경태 선생에 의해 선율선보(旋律線譜)라는 악보로 채보되었다. 여기에 남구만 선생의 "동창이 밝았느냐"로 시작되는 시조의 향제 악보[3], 경제 악보[4], 가곡 악보[5]를 첨부한다.

판소리 등 속악과는 달리 유구한 전통과 멋을 지니고 있는 정가는 전공을 하는 학생 수도 적고 더구나 취미로 하는 사람의 수도 점점 줄어 더 이상 발전하지 못하고 있는 것이 현실이다. 어렸을 적부터 할아버지 혹은 동네 어른들이 부르시는 정가를 듣고 자랐던 아버지 세대는 시조 가락이 친숙하게 느껴졌으나 요즘 젊은이들은 서양 음악을 들으면서 자라고 학교에서도 국악에 대한 교육이 거의 없으니 무료로 하는 정가공연장도 텅텅 비기가 일쑤다.

나는 이승재 정가사범을 2008년 대전에서 만나 2012년부터 시조, 가곡, 가사, 시창까지 지도를 받고 9번의 발표회를 했으니 정가의 전승에 조금 보탬이 되었다고 생각한다. 이승재 정가사범은 정가를 배우고 익히는 것이 노래를 부르는 기교의 발전에 머무르지 않고 마음 수양을 하는데 힘써야 한다고 강조하는데 실제로 집에서 정가를 연습할 때마다 마음이 편해지는 느낌을 받고 있다.

참고문헌
1. 樂學軌範 (1493 <성종 24년>) 序文: 我國之樂有三, 曰雅, 曰唐, 曰鄕
2. 이승재, 대전직할시 문화예술과 자료집 대전문화 제14호 (1991년) "대전 지방의 정악(正樂) 전승 실태"
3.

문상영

삼성전자 이사 역임
와튼스쿨 MBA short course
아토, 원익IPS 사장 역임
휘브라더스, 휘시향 회원

<사랑하기 때문에>

사
랑해
하늘도
기뻐하네
때맞춰나도
문열고맞으리
에해야내사랑아

<네모가 아닌 원 같이>

네가 아니었으면 난 어땠을까
모질게 살아온 세상에서
가는 길에 마주친 당신
아˝ 내 인생 한복판에
닌자처럼 담 넘어 들어와
원 없이 사랑하고
같은 길 함께 걸어온
은혜로운 당신˝

<왜 나만 갖고 그래>

왜냐하면 래고인형처럼 이쁜 너 때메
나랑 정말 잘 어울리는 예쁜 너 때메
만인이 부러워할 우리 사이에
갖가지 예쁜 일들 많이 만들고
고칠 것 없이 예쁘게 사랑했지
그래 ~ 그렇게 사랑한 너 때메
래고인형 되어 영원히 너와 함께 살고파

<그 해 겨울은 따뜻했네>

그리 많지도 않았던 작은 바램을
해를 넘겨 봄이 한참 지나서야
겨우 낙엽 한 꺼풀 벗겨내
울밑에 파르라니 첫 싹을 내어
은밀한 약속이나 한 듯이
따사로운 햇볕을 흠뻑 받으며
뜻 모를 꽃봉오리를 땅끝에 숨기고
했던 약속 떠올리는 노오란 민들레여
네 따뜻한 가슴 어이 잊으리

<그해 겨울은 따뜻했네>

그날도 울었다. 서럽게 울었다.
해가 지고 별이 뜨고 찬바람 불어
겨드랑이 꼭 붙여 부둥켜 안고
울고 또 울고 ,,
은빛 하늘 쳐다보며 은빛 눈물 쏟아냈다.
따가운 삭풍에 두 뺨 얼어붙어도
뜻한 바 못 이뤄 이 가슴 터져나가
했던 맹세 눈물로 뜨겁게 되새긴다

<안동 군자마을>

안동으로 가자꾸나 방식공 있는 곳
동남쪽 산세 좋고 아름다운 곳
군자들이 대대로 살아오는 곳
자연에 녹아드는 멋진 한옥들
마음속 응어리도 절로 풀려버려
을씨년스럽던 이내 마음 깨끗해지네

<외로운 기러기>

1. 외길 걸어 걸어 한참을 올라
   로렐라이 언덕 같은 뒷동산은
   운무에 싸인 꿈속의 샹그릴라
   기다리고 고대하던 그대와
   러시아노래 가락에 맞춰 춤추던 그곳
   기억하라 너와 나 그 동산의 추억을~

2. 외다리 긴 그림자 석양빛에 홀로 서서
   로즈마리 향기런가 가녀린 그대 모습
   운명으로 받아내는 그대의 맑은 눈동자
   기다림에 지쳐 외다리로 서있나
   러플원피스를 입은 아름다운 여인 같은 학이여
   기대어줄 나무가 되고 싶은 고고한 학이여

<벗을 맞이하자>

벗겨도 벗겨내도 알 수 없던 너란 여자
을씨년스럽던 오래 전 늦가을
맞댄 볼에 흐르던 네 뜨거운 눈물
이미 넌 내 여자가 아닌 것을 그땐 몰랐어
하염없이 네 눈가엔 빗물 흘러내려
자꾸만 내 볼에도 뜨거운 빗물 흘렀네~ 이젠 안녕~

<함께 나란히 가다>

함박웃음 지으며 날 반기던 친구들
께작대며 뭉기적거려도 화내지 않고
나를 멋적게 하던 그 좋은 친구들
란제리 입은 여자 사진 같이 보며 낄낄거리고
히히덕대던 42년 전 그 친구들
가자 그 동무들 모이는 곳 휘문 교정으로
다같이 모여 함박웃음 웃고 신나게 떠들어보자

<중고품유통기한>

중학교 때 친했던 녀석
고등학교 때 같이 놀던 녀석
품위 따위는 안 지켜도 되지
유유상종이란 말도 있자나
통학버스 안에서 암만 복잡해도
기막히게 알아보고 옆으로 가서
한마디 건네지ᆢ얌마 나야 ᆢㅎㅎ

<곰삭은 인생 역정>

곰은 우리 한민족의 어머니이려네
삭풍이 몰아치는 백두대간 산속 동굴에서
은혜를 입고 또 은혜를 주려고
인간의 모습으로 어머니의 모습으로
생명의 씨앗을 뿌린 성스러운 곰이여
역경과 고난을 이겨내고 우리 민족 만드셨으니
정겨운 그 모습 닮아 우리가 여기 같이 살아가네

<학>

흰 나래 펼친 아래 천 년을 굽어보다가
목 줄기 타 내리는 외로움이 길었나
이 골짝 저 골짝 헤매는 학이여
창공에 높이 떠서 꿈의 고향 찾아가네
갯마을 섬 포구며 산동네 두루 다녀도
외로운 그 넋이야 달랠 길이 없었나
아득한 옛날이 그리운 학이여
외다리 긴 그림자 석양빛에 홀로 섰네

<탁한 물속의 연꽃>

탁발스님의 목탁소리 딱딱따닥
한 그릇 오롯한 탁발음식 보자기에 담아
물 한잔에 밥 한술 물 두 잔에 나물 한 저
속 깊은 주지스님은 웃음 지며 동자스님 떠먹이고
의례히 고은 손의 비구니들은 설거지 통을 챙기네
연 잎에 또르르 구르는 영롱한 아침 이슬은
꽃대롱에 매달려 뽀얀 사찰아침을 빛나게 하네

<새해 첫날 아침>

새가 되어 날아가 희망을 보자
해 뜨는 저 동녘으로 함께 힘차게 날아올라
첫날 첫 아침 맑고 깨끗한 영혼들이여
날아올라 저 푸른 창공에 높이 떠보자
아~~ 가슴 벅찬 새해 새 아침 밝은 저 태양 향해
침묵했던 지난 밤을 걷어내고 환희의 노래 부르자

<탁한 물속의 연꽃과 친구 방식이>

탁청정 대청에 신발 벗고 올라서서
한눈에 군자마을 휘돌아보니
물흐르듯 흐르는 저 객산 줄기 자락엔
속속들이 소나무며 진달래도 보이고
의연한 후조 당을 고개 들어 쳐다보면
연 낭자의 청아한 노래 소리 들리는 듯
꽃잎에 맺힌 이슬 방울 방식공을 꼭 닮았다..

<평생이 즐겁다>

평야에서 곡식을 거두어 모아놓고
생고기를 소금에 절여 재어놓고
이런저런 먹거리를 그늘막 움집 안에
즐문토기 몇 개 속에 차곡차곡 넣은 다음
겁데기에 짚을 덮어 소중히 놓아두며
다음 겨울까지 꺼내먹었던 몽촌 토성 조상님들

<잠자리>

잠시 시간 내서 산에도 오르고 바다도 찾으며
자연의 아름다움을 사진으로 올려주는
리플 안달 수 가없는 귀여운 중년모습 일현공 만세!

<천상운집>

천운이 2017년부터 우리민족에 와서
상식이 통하고 정의가 이루어지는
운명적인 너와 나의 대한민국 밝은 미래
집에도 거리에도 온 천지에도 행복과 사랑 넘치리라!

<한 줄의 시>

한마디 말 없어도 됫술 같이 하는 벗
줄줄이 하고 싶은 얘기야 끝없네만
의리로 뭉쳤던 너와나 젊은 날
시간이 흘렀어도 한잔 됫술에 다시 오네

배길환

한양대학교 경영학과 졸업
IBK기업은행 30년 근무, 지점장. 부장 역임
휘시향 회원

<사랑하기 때문에>

사랑이 별 거더냐
랑군과 알콩달콩 살면 사랑이지
하고자 하는 일 없더라도
기분 맞춰가며 살면 되지

때문에 즐겁게 생각하면 한없이 즐겁고
문제라고 생각하면 모든 것이 문제 투성이지
에둘러 표현 말고 우리 모두 사랑하며 살아 갑시다

<추사 김정희의 세한도>

추사 김정희는 귀족중의 귀족의 자제로 태어났소
사람이 워낙 출중하여 태어날 때 마른 우물에 물이 넘쳐났다 하오

김정희는 詩.書.畵뿐만 아니라 모든 분야의 재능이 으뜸이라오
정녕 하늘은 추사에게 모든 것을 선물 한 것 같소
희희낙락 하며 세상을 주유천하 하면서 살았다오.그러나

세상일이 만만한 것이 어디 있겠소
한평생 일군 모든 것이 정파에 휘말려 말년을 귀양살이하게 되었으니, 근데 도리어 그것이 복이었나 보오..지금까지 전해져 온 추사체와 아름다운 그림들이 그 때 완성되었으니 말이오

<닭 모가지를 비틀어도 새벽은 온다>

닭대가리 씹어먹고

모가지를 먹고나도
가시지가 않는구려
지혼자서 잘낫다고
늘어지게 개똥철학

비실대며 걸으면서
틀렸다고 말안하네
어줍잖게 읊으면서
도사인척 의기양양

새벽에도 씹어대고
벽두부터 마이동풍
은은하게 외쳐대는

온세상의 침묵들을
다시한번 들어주오

<신인류의 출현>

신나게 놀다 보니
인생사 모든 것이 천국이더구만
유(류)일하게 못해 본 것이 첫사랑과의 해후

출사표 던져 놓고 먼 하늘 쳐다보니
현숙이가 꿈 속에서 야사시하게 달려오네

은학수

대림산업 근무
가천대학교 건축공학과 교수
서양화가
휘시향 회원

인물화

이광연

현대중공업
현. 루프러맥스코 대표이사
월간 시사문단 시, 소설로 등단
한국문인협회 회원
휘시향 회원

<흐르는 강물에 던져보는 회상>

1. 입영 그리고 잠깐의 이별

하얀 목련이 빈 가지에 드문드문 피어올랐다. 두 사람은 유난히도 춥고 눈이 많았던 겨울이 더욱 좋았다. 만남은 곧 추억이 되었고 기억의 저장고에 하나 둘 쌓여갔다. 새 학기를 맞는 캠퍼스는 봄기운만큼이나 활기가 넘쳤다. 1학년을 마치고 입대한 동기 몇 명은 자랑스럽게 야상과 끈 풀린 군화를 소리 내어 끌면서 여유로운 잡담을 나누면서 새 학기 등록 창구에서 서류를 작성하고 있었다.
"야~너는 몇 학점 신청할 거니?"
"어이~해병 너 몇 기야?"
"필승~~302기입니다."
"쉬어, 1기 선임이 젤 무서운 거 알지? 새꺄" 장난스런 후임 동기의 경례에 흐느적거리는 손놀림으로 경례를 받아 치는 동기들의 장난을 뒤로 한 채 군 입대 휴학을 신청했다.
"무슨 일 있어? 오빠, 나 오늘 7학기 등록 했어. 이제 올 한 해만 다니면 사회인이다. 오빠 등록 했어?"
그녀는 구상을 전공하는 미대생이다. 아직 초저녁임에도 썬보레 안은 낮이나 밤이나 침침한 조명의 조도를 유지 하고 있었다. 칸막이로 차단된 테이블은 항상 아득한 둘만의 공간으로 충분했다. "오빠, 오늘 무슨 일 있구나" 항상 명랑 발랄한 그녀는 조금은 근심스런 표정으로 얼굴을 쑥 디밀면서 표정을 살핀다. 언제 말을 할까 망설였던 입영통지서 이야기를 하기에는 갑작스런 이별에 충격을 받을 것 같아서 또 망설였다. 그녀와 나는 같은 학년이었지만 띠로는 두 살이 차이가 있었다. 졸업을 하고 입대를 할까 3학년을 마치고 군입대를 할까 고민의 시간은 그녀와 사랑이 깊어지면서부터 가슴을 답답하게 했다. 오늘은 목에 걸린 가시를 칵 하고 뱉어내야지. 속된 말로 그녀가 고무신을 꺼꾸로 신을 것 같지 않은 막연한 확신을 했다.

우리는 술을 마시기로 했다.
""오빠, 말해봐 고민 있지? 집에 무슨 일 있었지?"" 호기심 가득한 표정으로 꼭 밝혀 내고야 말겠다는 그녀를 향해서 ""없어, 고민도 없고 집에 문제도 없어"" 그리고 우리는 마주 앉은 자리에서 자연스럽게 옆으로 가까이 앉았다. 그녀의 어깨는 생각보다 좁았고 가냘펐다. 그녀의 귓불에 가만히 입술을 대었다. 그리고 얼굴을 내 쪽으로 돌려 가벼운 입맞춤을 했다.
노래가 흘러나왔다. 눈물이 왈칵 쏟아졌다. 리오 세이어 (Leo Sayer)의 웬 아이 니드 유 (When I need you)라는 곡이었다.
"나 군대가, 한 달도 안 남았어."
순간 그녀의 표정은 일그러졌고 화가 난 듯 째려보는 눈에서 구슬방울 같은 눈물이 뚝뚝 떨어졌다. 푹 숙인 내 고개를 들어 올린 그녀는 조용히 그리고 단호하게 말했다.
"기다릴 거야, 기다릴 거라구."
우리는 오랫동안 포옹한 채 그대로 있었다.

2. 첫만남 첫사랑

"여러분, 오늘 따끈한 소식 하나 전합니다."" 오월 오후의 나른함에 모두 여유롭다 못해 느릿한 자세로 써클 룸에 모인 문학 동아리 애들에게 학년대표 철영의 들뜬 소리가 맑은 종소리 마냥 땡땡 울렸다.
"E여대 문학 써클과 우리 H대 문학서클이 연합 MT를 가기로 했습니다. 장소는 강촌이고 날짜는 6월25일과 6월26일 1박2일입니다. 순간 나른하고 느릿했던 서클 룸 분위기가 "와" 하는 탄성으로 흥분된 분위기로 돌변했다. "어렵게 성사 된 만큼 가능하면 우리 동기들 전원이 참석했으면 좋겠는데, 사정이 있어서 못 가는 사람 빼고 다 같이 갑시다."
여기저기서 철영에게 질문이 쏟아졌다. 회비는 얼마냐 숙소는 어디냐는 질문부터 모두의 관심사인 여학생들의 신상에 대한 질문이 쏟아졌다.
철영은 개그맨에게 대본을 써 줄만큼 유머감각과 재치 넘치는 학년 대표다. 삐쩍 마르고 볼품없는 외모의 소유자지만 말발 하나는 타의 추종을 불허했다. 가뜩이나 침체된 서클 분위기를 살리는 길은 여학생들과의 미팅을 주선하는 것이라 믿었다. 이왕이면 기말 고사가 끝나고 여유로운 미팅을 주선하고 싶었다. 철영은 시험 때마다 도서실 자리 당번을 도맡아주는 기철에게 조용히 다가가 귀에 대고
"어이 귀두철, 너 바쁘지 않으면 나랑 어디 좀 같이 가자"
대답도 듣기 전에 기철을 끌다시피 도서실 밖으로 대리고 나왔다. 철영은 기철의 이름을 자기마음대로 "성기 철"로 끊어 부르다 못해 이제는 성기철을 귀두철로 부르기 시작했다. 심할 때는 그냥 "귀두야"하고 부를 때도 있어선지 동기들 사이에서는 "귀두철영" 콤비로 부르기에 이르렀지만 두 사람은 개의치 않았다.
E여대 정문에서는 여학생들이 삼삼오오 하교를 하고 있었다.
귀두철영 콤비는 아담한 2층 다방 구석에 자리를 잡고 마침 흘러나오는 이글스의 호텔 켈리포니아 (Eagles-Hotel California)의 환상적인 기타 선율에 담배연기를 뿜어 올리면서 다방 입구 쪽을 바라보고 있었다.
"누나 여기"
철영은 다방 문을 빠끔히 열고 들어오는 하얀 부라우스에 플레어 진 청바지차림의 긴 생머리 여학생과 뒤따라 들어오는 조금은 앳된 여학생에게 손을 흔들었다.
"인사해 귀두 아니, 성기 에고 기철아, 우리 누나야. 내가 누나에게 부탁해서 후배들과 미팅 주선을 부탁 했거든"
철영은 한 살 터울의 연년생인 누나를 통해서 미팅 주선을 부탁했었다.
"안녕하세요, 귀 아니, 성기철 입니다. 철영이와 H대학 국문과 같은 학번 동갑입니다" 기철은 자신도 모르게 귀에 익숙한 귀두라고 자신을 소개 할 뻔 했다.

"인사해 양하야, 우리 과 후배야"
양하는 조금은 수줍은 듯 윗몸을 살짝 옆으로 비틀어 가볍게 목례를 했다.
"서양화과 유양하입니다. 문학 써클 학년 대표이기도 하고요"

미팅 이야기는 E대학 문학 서클이 MT를 갈 계획이라는 사실을 전해 듣고 급전직하 연합MT로 방향이 선회되었다. 일주일 후 날짜와 장소가 정해 졌고 사전 답사 팀을 꾸며서 현장을 방문해서 숙소를 정하고 준비물 등을 점검하기로 했다. 준비는 일사천리로 진행되었고 남학생 10명 여학생 10명이 함께 가기로 확정되었다.

청량리역에서 출발하는 경춘선 열차를 타기 전 모든 인원이 왔음을 확인하고 간단히 처음 보는 사람들끼리 인사를 나누었다. 여학생들은 대부분 청바지에 운동화 차림이었고 남학생들의 복장도 비슷했다. 열차가 출발하자 여기 저기 좌석에서 기타에 맞춰서 노래 소리가 들리기 시작했다.

우리도 기철의 기타반주에 맞춰서 "목장 길 따라"를 흥겹게 부르기 시작했다. 민박집은 생각보다 넓었고 여학생과 남학생을 구분 지어서 숙박을 할 수 있는 구조였다.

모두가 조금은 들뜨고 달뜬 허둥대는 모습으로 청춘들의 환한 빛을 발하고 있었다.

노를 지어서 타는 배는 4인승이었다. 양하와 미란 그리고 귀두철영 조가 한배를 타고 출발했고 다른 조도 뒤이어 노를 저어가며 멀리 보이는 삼악산의 푸름을 한눈에 즐기면서 즐거워했다. 어느 정도 시간이 흐르면서 배에는 조금씩 찰랑거릴 정도의 물이 새어 들어왔고 누군가는 바가지로 물을 밖으로 퍼내야 했다.

양하와 미란은 운동화가 젖지 않게 벗어 선미 한쪽에 올려놓았다. 영하가 탄 배 옆으로 뿌연 물보라를 뿜어대면서 빠른 속도의 모터보트가 지나가는 순간

하얀 운동화 한 짝이 강물에 떨어져 흘러가고 있었다.
"어떻게 내 운동화"
이미 양하의 한쪽 운동화는 강물 따라 둥실둥실 떠내려가고 있었다. 그때 다른 배에서 누군가 풍덩 강물에 뛰어 들었고 떠내려가는 운동화를 향해서 능숙하게 강물을 헤쳐 나가는 것이 보였다. 물살은 생각보다 빨랐다. 유속에 의존해서 떠내려가는 운동화는 유속에 가속을 붙여 수영해가는 사람의 손에 잡혔다. 그는 뒤따라온 귀두철영조의 뱃전을 잡고 가쁜 숨을 몰아쉬면서 운동화를 휙 배 안으로 던져 넣었다. 순간적으로 벌어진 상황에 모두가 "와"하고 환호했다. 흰색 몸체에 선명한 까만 세줄 무늬 운동화는 당시 유명세를 타고 있던 아디다스 운동화였다.
옷을 입은 상태로 물에 뛰어든 탓에 담요로 몸을 감싼 채 숙소에 앉아 있는 그에게 양하가 엷은 미소로 고마움을 표시하러 찾아왔다.
"고마워요. 제 이름은 양하예요, 유양하" 그는 양하를 똑바로 쳐다보지 못하고 "저는 범후, 김범홉니다"
비록 출발 전에 청량리역에서 간단히 소개하는 자리가 있었지만 귀 담아 듣지 않아서 통성명을 하는 것이 필요했다.
해는 지고 모두가 캠프파이어를 위해서 둥글게 원을 그리면서 앉았다. 양하와 범후는 자연스럽게 옆에 자리를 함께 했다.
"오늘 양하 운동화의 생명의 은인, 김범후에게 박수!"
철영의 사회로 캠프파이어는 활활 타오르기 시작했다.
우리 둘은 그렇게 첫 만남을 첫 사랑으로 시작했다.
그날 밤 까만 하늘의 수많은 별이 그렇게 아름다운 빛으로 우리의 가슴에 간직 될지는 꿈에도 몰랐다.

3. 여름, 가을, 겨울 그리고 봄

강촌에서의 추억을 뒤로한 채 범후는 작년 여름에 아르바이트를 했던 수영장을 방문했다. 집안 사정이 그리 넉넉하지 않은 까닭으로 매년 여름 아르바이트를 했던 곳이다. 등록금에는 턱 없이 부족한 돈이지만 큰 보탬이 되는 일자리였다. 2년 전 첫 생애 첫 급여라는 명목으로 두툼한 급여 봉투를 받아 들고 킁킁거리며 급여봉투를 열고 돈 냄새를 맡는 기억이 새로웠다.

친구들은 여름 방학이 오기도 전부터 바캉스계획을 세우고 들떠 있을 때도 그랬고 여학생들과 미팅도 범후에게는 사치였다. 대학 새내기시절 의무적으로 했던 여학생과의 미팅에서 보기 좋게 에프터 신청이 딱지를 맞고서는 더욱 그런 생각에서 벗어나지 못했다.

수영장에서 첫 아르바이트를 할 때 맡은 일은 옷 보관소에서 손님들이 탈의실에서 수영복으로 갈아입고 바구니에 담아서 가지고 오는 옷을 번호가 적혀있는 선반에 옮겨 놓고 번호표를 주고 나중에 번호표를 가지고 오면 옷 바구니를 찾아 돌려주는 단순한 일이었다.

범후는 그때 처음으로 여자들의 팬티를 바구니에 발견하고 얼굴이 붉어졌었다. 타월로 덮어진 바구니를 들쳐가면서 여자들의 속옷을 훔쳐보는 동료를 보면서 말리지 못하고 곁눈질을 하면서 내심 즐긴 것은 두고두고 후회스런 일이었다. 어느 날 그 동료는 속옷이 없어졌다는 손님의 항의하는 소동이 있었고 그 놈은 그 속옷을 입고 있었던 것이 발각되어 그 자리에서 해고 되는 광경을 목격하기도 했다. 가끔 그때 일을 생각하면 그 여자 분이 홑치마만 입고 와서 항의했을 것이라는 생각에 알 수 없는 야릇한 흥분에 부르르 몸을 떨었던 기억이 새로웠다.

올해는 그런 저런 불미스러운 일이 벌어지지 않는 수영장 청소 일을 자청했다. 아침이면 수영장 위에 떠있는 나뭇잎부터 바닥에 가라앉은 이물질을 청소하는 일이었다.
낮에는 주변의 쓰레기를 줍고 리어커를 끌고 쓰레기를 옮기는 일이었다. 수영장에는 안전사고를 대비해서 라이프가드가 요소요소에 배치되었고 그네들의 검붉게 탄 멋진 몸매가 항상 부러운 범후였다. 머리 숱이 성글었던 노처녀 간호사는 범후가 리어커를 끌고 지나갈 때면 "어쩜 대학생이 이런 청소 일도 하네. 크게 될 거야"
내가 들으라는 듯 혼자 얘기하듯 말했다.
"오빠 수영장에서 무슨 일해? 인명구조원 맞지? 라이프 가드"
양하의 말에 우물주물 하면서 대충 얼버무렸다. 그때 이후 양하는 범후가 수영장 인명구조원으로 아르바이트를 했고 MT 가서 자신의 떠내려가는 운동화를 건져 주었다는 미담을 자랑스럽게 떠들고 다녔다. 나중에 수영장 청소를 했었다고 얘기해도 믿지 않았다. 그녀의 마음속에 범후는 그녀만의 라이프 가드였다.
명륜동 썬보레 경양식집은 항상 어둑하고 어머니 자궁 속 같은 아늑함이 느껴지는 곳이었다.

"오늘 칼질 한번 할까? 월급 받았어"
범후는 여름 내내 작업실에서 그림에 몰두한 양하의 핼쑥한 얼굴을 바라보면서 어깨를 으쓱했다.
혜화동 주택가에 살고 있는 양하를 위해서 데이트 장소는 명륜동이 최적지였다. 대학생임에도 불구하고 양하는 저녁 9시가 통금시간이었다. 항상 헐레벌떡 그녀의 집 앞까지 데려다 주는 것이 데이트의 끝 마무리였다. 여름은 그렇게 흘러갔다.
인사동은 양하가 물감을 비롯한 미술 용품을 사기 위해서 종종 가는 곳이었다. 안국동에서 인사동으로 들어서는 길목 가로수가 누렇게 변해갔다. 생기 잃은 낙엽이 거리를 뒹굴어도 두 사람의 생기는 그칠 줄 모르는 샘물 같았다. 그녀는 팔짱을 끼는 것보다 깍지 낀 손을 더 좋아했다.

범후는 깍지를 끼려고 내민 양하의 손에 종이 한 장을 슬쩍 쥐어 주었다.
"집에 가서 읽어봐"
양하는 상기된 표정으로 받아 든 종이를 왼손으로 재빠르게 옮겨 가방에 넣고 손 깍지에 힘을 주었다.

양하가 집에 와서 제일 먼저 한 일은 범후가 준 종이를 펼쳐보는 거였다. 그 종이에는 양하를 향한 향기 나는 시가 한편 적혀 있었다. 그녀는 알 수 없는 기쁨으로 가슴이 촉촉해 졌다. 유리 창문에 후득후득 가을비가 방울 되어 흘러내리고 입가 살짝 올라간 그녀의 미소가 창에 비쳐졌다.
그들의 가을은 샘물같이 맑게 솟아나는 사랑이었다.

기다리는 첫눈은 오지 않았다. 건조하고 차가운 바람만 부는 날은 범후의 알 수 없는 초초함으로 이어졌다. 꼭 눈이 올 것 같은 흐린 날 범후는 양하가 미친 듯이 보고 싶었다. 수화기 너머로 들리는 그녀의 목소리는 조금 들떠 있었다.
"오빠 눈이 올 것 같아, 바로 나갈게"
그 해 겨울 종로 희다방은 여기저기서 피워대는 담배연기로 가뜩이나 어둑한 지하의 흐릿한 조명까지 집어 삼키고 있었다. 약속 시간이 다되어도 오지 않는 그녀였지만 태연한 척 팔각 성냥통의 성냥개비로 탑을 쌓고 있었다. 한 시간이 훌쩍 지나 시계바늘은 5시를 향하고 있었다. 다방레지의 곱지 않은 시선을 뒤로 하고 계단을 중간쯤 오를 때
"오빠 눈이 너무 많이 와요. 나 걸어왔어"
당장이라도 눈물방울이 떨어질 것 같은 얼굴로 계단 위에서 그녀는 떨리는 목소리로 말했다.

밖에는 정말 함박눈이 펑펑 내리고 있었고 어둠을 막아서 듯 가로등이 켜지기

시작하고 상점의 네온사인이 하나 둘 켜지기 시작했다.
"루돌프 사슴코가 다 되었네"
더 기다리지 못하고 자리를 박차고 나온 내가 오히려 미안해서 그녀에게 던진 첫마디였다. 머리에 하얗게 앉은 눈송이가 이슬이 되어 흘렀다. 털실장갑 벗은 손이 얼어 있었다.
"이런, 손이 다 얼었네"
덥석 그녀의 손을 잡아 양쪽 겨드랑이에 꼭 안았다. 자연스럽게 그녀의 얼굴이 가슴에 묻어졌다.
"오빠, 냄새 좋다"
가난한 연인은 펑펑 내리는 함박눈을 맞으며 이화동과 창경궁을 거쳐서 불빛 환한 명륜동에 도착했다.
"저기 명륜극장 옆 골목에 내가 중학교 때 잘 갔던 라면 집 있거든, 튀김도 있고"
찌그러진 빛 바랜 양은 냄비에 설익은 라면과 튀김 몇 조각은 그냥 행복이었다. 어두운 길에도 소복하게 쌓인 눈 위에 두 사람의 발자국은 선명했다.

4. 지우고 싶은 시간들

머리를 빡빡 밀고 논산훈련소에 입소한날 장정이란 딱지를 달고 받은 첫 끼니는 카레라이스였다. 허연 돼지비계가 몇 점 떠있는 카레였다. 시골 출신 장정들은 처음 보는 카레의 향에 고개를 돌렸다. 범후는 살아남아야 한다는 본능으로 허연 돼지비계까지 싹싹 긁어 먹었다. 신기했다. 배탈도 없었다. 소속이 정해지지 않은 상태로 5일간의 노역은 인간 이하의 노예 그 자체였다. 식당에 차출 된 날은 하루 종일 양파를 깐다고 눈물을 찔끔거렸고, 화단의 잡초를 제거하는 날은 그래도 풀 내음이 좋았다.
훈련소 소속이 정해지고 훈련복을 지급 받는 날은 입고 왔던 옷을 소포로 집에 보냈다.

훗날 들은 얘기지만 아무리 정이 없는 이들도 소포로 부쳐온 옷을 보고 눈물짓지 않는 가족은 없었다고 했다. 계급사회에서 조차 제외된 불가촉 천민에서 계급사회로 진입한 것 같은 것이 장정에서 훈련병이 되는 것이었다.
5월의 아카시아 꽃은 서러운 훈련소 땅에서도 짙은 향을 뿜어내고 있었다.
각개전투를 마치고 잠시 휴식시간에 푸른 하늘에 대고 한스럽게 담배 연기를 내 뿜었다. 뭉게구름 사이로 파란 하늘이 보였다. 양하의 얼굴이 구름 사이로 설핏 보였다.
고된 훈련 일정 속에서도 저녁 침상에 정렬 후에 내무반장이 획획 던져주는 편지는 삶의 희망 같았다. 첫 편지는 부모님의 편지였다. 다음은 여동생의 편지였다. 범후의 관심은 오직 양하가 보내오는 편지였지만 소식이 없었다.
수십 통의 편지를 보냈다. 그립고 사랑한다고 했다. 건강하게 훈련 잘 받고 있다고 했다.
졸업 작품 발표 준비로 많이 바쁘게 지낸다는 편지를 받은 것은 서울을 떠 난지 한 달이 훌쩍 넘은 5주차 마지막 수료를 준비할 때 즈음이었다.
논산으로 향하는 버스가 출발하는 강남고속버스 터미날에는 철영와 기철이 그리고 양하와 몇몇 친구들이 떠나는 범후와 함께 하고 있었다.
"범아, 잘 갔다 와라. 양하씨는 우리가 잘 보살펴 줄게"
졸업 후에 학사장교를 꿈꾸는 철영이는 양하와 범후를 번갈아 보면서 너스레를 떨었다.
밤새 뒤척이며 울다 잔 탓인지 부석한 얼굴의 양하는 아무 말이 없었다. 그저 멍한 눈으로 범후와 낀 손 깍지에 힘을 조금 줄뿐이었다.
"범아, 도장은 잘 찍고 가는 거지?"
기철이가 빡빡 깎은 범후의 머리를 쓰다듬으며 귀에 대고 속삭였다.
"이 새꺄 내가 너 같은 줄 아냐?"
범후는 양하가 혹시라도 들었을까 싶어 짐짓 소리를 높였다. 버스 계단을 오르기 전 깍지 낀 손을 풀고 두 사람은 짧은 포옹을 했다.

논산행 버스가 출발하고 양하는 혼자 있고 싶었다. 너무 허전했다.
명륜동 썬보레로 갔다 그리고 범후와 함께했던 테이블에 앉았다. 하염없이 눈물이 쏟아졌다.
어깨가 들썩여졌다. 그래 울자 눈이 퉁퉁 붓든 말든 울자.
집으로 향하는 양하의 코끝에 스미는 봄 내음은 어제처럼 다가오지 않았다.
"얘 양하야, 이리와 앉아봐. 엄마가 물어 볼게 좀 있다"
세면을 마치고 자기 방으로 들어가려는 그녀를 엄마가 돌려 앉혔다. 너는 이제 졸업반이고 진로를 결정해야 하는 중요한 시기인데 군대 간 남자 친구를 어떻게 할 거냐, 남자 친구 집에서 너를 어떻게 생각하는지부터 둘째 오빠는 걔를 탐탁하게 생각 하지 않는다는 등, 양하로서는 감당하기 어려운 말만 줄줄 늘어 놓는 엄마가 싫었다.
결혼까지는 구체적으로 생각하지 않았고 H대 공대생이면 어느 정도 보장 된 것 아닌가, 제대 할 때까지 기다리겠다는 것이 양하의 생각이었다. 현실적으로 돌아보라는 것이 엄마의 얘기였고 헤어지라는 것이 요지 인 것이 분명했다. 이제 입대한지 겨우 2주도 지나지 않았고 마음속 허전함이 가시지도 않았는데 너무 잔인한 것 아닌가, 양하는 책상에 엎드려 머리를 감싸 안았다.
남들은 훈련소에서 편지도 잘 보낸다는데 이 사람은 연락도 없었다. 혹시 무슨 일이 있어서 편지도 못하는 건지 양하는 불안한 마음으로 범후의 편지를 기다렸다.
"엄마 혹시 편지 온 거 없어요?"
엄마는 말없이 고개만 가로저었다.

"보고 싶은 양하에게
수 차례 편지를 보냈는데 오늘에서야 양하의 답장을 받으니 눈물이 나게 좋더라. 그 동안 졸업 작품 준비로 많이 바쁠 것 같네.

훈련소 입소해서 이제 훈련을 시작한지 5주가 지나고 있어. 이 편지가 도착 할 때면 나는 후반기 교육을 받으러 김해 공병학교로 갈 것 같아. 이번 주 훈련이 끝나면 작대기 한 개가 내 계급이 되는 거야. 이병 김범후, 모든 것이 생소하고 익혀야 할 것 투성이야. 하지만 잘 배우고 이겨내고 있으니 내 걱정은 하지 말고 졸업 작품 준비에 열중하길 바래.
훈련병 김범후"

양하기 직접 받은 첫 편지였다
"오빠가 왜 내 편지를 뜯어보고 난리야"
둘째 오빠 방에서 우연히 발견된 여러 통의 편지는 모두 범후로부터 온 것이었다. 그 날 양하가 울고불고 난리를 치는 바람에 가족 모두가 피할 수밖에 없었다.
"네 장래를 생각해서 그런 거야. 인마. 생각해봐 넌 곧 졸업하고 그 녀석은 2년 후에 복학 하고 졸업하려면 또 1년, 그리고 취직해서 밥벌이 하려면 또 몇 년 이야. 정신 차려"
둘째 오빠의 구질구질한 설명을 늘어 놨다
"니 걱정이나 해, 오빠라는 게 할 짓도 없어서 동생 편지나 가로채냐? 엉"
대학 졸업 후 아직 취직을 못해서 취업공부를 하는 둘째 오빠에게 자신도 모르게 악다구니를 해대고 집을 나왔다.
엄마에게는 친한 선배 언니 집에서 자고 간다고 전화 했다. 엄마는 그러라고 했다.
그 친한 언니는 올해 졸업한 철영이 누나 박기영이었다. 큰 회사의 광고 기획 실에 취업이 되어서 회사 가까운 곳에 자취를 하고 있었다.
생각보다 자취방은 둘이 지내도 될 만큼 너른 공간이었다. 언니는 이미 모든 것을 직감이라도 한 듯
"얘, 너 범후 기다릴 거니? 호호호 너무 길지 않니? 열녀 났네 열녀 났어. 기다

리는 건 가정학과 얘들이나 하는 거 아닌가?"
은근 비꼬듯 말은 하고 있었지만 양하의 입장을 충분히 감싸 주면서 둘째 오빠가 한 짓에 대해서는 공분을 감추지 못했다.
양하는 범후가 자대를 배치 받은 후 자주 편지를 교환했다. 엄마의 묵인 아래 면회도 가기로 작정을 하고 나름 이것저것 준비를 했다.
범후는 이등병 계급장을 달고 더블 백을 메고 대구 TMO에 동료 서너 명과 함께 떨어졌다. 후반기 교육도 마치고 자대 배치를 위해서 새벽 열차를 기다리고 있었다.
배치된 자대는 후방의 사단 직할 공병대대였다. 후반기 교육 내내 양하의 따뜻한 편지를 주고 받아서 인지 힘든 기색은 전혀 들지 않았다. 공병대대 작전과에 배치 받았다. 공병대대의 작전이란 공사를 말한다. 대대 연병장은 웬만한 건설 회사 정도의 중장비와 차량들이 즐비하게 늘어서 있었다. 고등학교를 갓 졸업하고 입대한 소년병 고참들도 많이 있었지만 크게 간섭은 하지 않았다.
자대 배치 첫날 우리 동기 3명은 내무반 침상에 부동자세로 앉아 있었다. 본격적으로 고참들의 질문 공세와 장기자랑을 시키기 시작했다.
"애인 있나? 몇 년 사귀었나? 사진 있나?" 공통된 질문이었다.
"야 너 애인이 없어? 이 자슥 안되겠어, 노래 일발 장전"
홍상진 이병은 노래 일발 장진이라고 외친 후 "발사"라는 고참들의 소리에 노래는 시작 되었다.
"발길을 돌리려고 바람 부는 대로 걸어도, 돌아 서지 않는 것은 미련인가 아쉬움인가."
"와, 이 자슥 이거 신곡 부르네. 알았어. 앉아서 쉬어라." 내무반 생활은 그렇게 시작 되었고 차츰 군생활에 녹아 들기 시작했다.
양하로부터 날짜를 잡아서 주말에 면회를 오겠다는 편지에 범후는 날아 갈 것 같은 기분이 들었다. PX에서 후임 몇 명에게 호기롭게 빵과 우유를 사는 날이 잦아졌다.

5. 첫 면회 첫날 밤

본격적인 여름의 시작을 알리듯 포플러 나무 이곳 저곳에 매미가 울어 대기 시작했다.

토요일 이른 아침부터 엄마가 준비해준 음식을 냄새 나지 않게 비닐로 꽁꽁 싸매고 큼직한 가방에 이것저것 주섬주섬 담아서 시외버스에 몸을 실었다. 4시간을 달려 내린 지방 소도시는 양반 도시답게 갓 쓴 노인들이 보였다. 택시를 타고 도착한 위병소는 주말 임에도 불구하고 군 차량들이 분주히 움직였다. 비상이 걸린 상태라 오늘은 면회도 외출 외박도 일절 할 수 없다는 면회 담당 병사의 말을 듣고 면회를 온 가족들은 낙담하고 돌아가고 있었다.

양하의 실망도 예외는 아니었다. 어디서 어느 부대 누굴 만나러 왔냐고 면회 담당 병사가 물어왔다.

어떤 관계 인지는 묻지도 않았다. 잠시 기다려 보라는 면회 담당자는 어디론가 전화를 돌렸다.

30분 정도 지났을까 면회실 문이 열리면서 중위 계급장을 단 장교가 양하에게 거수경례를 하면서 다가왔다. 자신은 김범후 이병의 소대장임을 밝히면서, 지금 사단 전체가 비상상태라 면회도 외출 외박도 안 된다는 내용을 반복하면서 밤 10시 이후에 비상이 풀릴 것 같다고 했다. 괜찮다면 시내 모 여관에 숙소를 잡고 있으면 본인이 직접 범후를 대려다 주겠다고 했다.

범후는 기다리던 주말에 양하의 면회를 초조하게 기다렸다. 자대에 온 이후 처음의 면회였다. 4개월만의 재회이니만큼 가슴도 꽁당꽁당 뛰기까지 했다. 토요일 새벽에 완전군장 하고 대기하라는 비상이 떨어졌다. 면회는 못해도 할 수 없지만 양하에 대한 걱정이 앞섰다.

얼마나 고대했던 재회였는데 이렇게 무산 되다니 세상이 무너지는 것 같았다.

소대장이 애인이 면회를 와있는데 못 만나서 어떻게 하냐고 걱정스런 말로 위로 했다. 비상이 밤 10시면 풀릴 것 같은데 가능한 방법을 찾아보겠다고 하면서 기대는 하지 말라고 했다.

"김범후 이병, 외박 준비하고 인사계 사무실로 튀어간다 실시!"
내무반장이 말했다. 내무반에서 "와"하는 함성과 박수가 터졌다. 모든 부대원이 안타깝게 생각했던 터라 모두가 자기일인 것처럼 기뻐했다. 인사계 사무실에는 소대장이 함박웃음을 짓고 서 있었다.
여관 앞에서 소대장은 한쪽 눈을 찡긋하면서 엄지손가락을 치켜세우곤 이내 서둘러 돌아갔다.
303호실, 똑똑똑 노크를 했다. 문이 빠끔히 열리면서 양하의 얼굴이 반쯤 보였을 때 범호가 문을 댕겨 활짝 열어젖혔다.
"보고 싶었어 오빠, 얼마나 기다렸다고. 못 만나고 가는 줄 알고 얼마나 걱정했는데"
문이 열려 있는 것은 중요치 않았다. 두 사람의 포옹은 붙었다 떨어 졌다 몇 번 반복했다.
양하는 졸업반답게 성숙하고 어른스러워 보였다. 범후도 양하도 무슨 행동을 어찌해야 할지를 모르고 뭔가 허둥대기 시작했다.
"오빠 땀 많이 흘렸나 봐 샤워 해"
겨우 어색하고 묘한 분위기를 털어 낼 수 있는 말이었다.
범후는 양하의 좁은 어깨를 감싸 안고 긴 입맞춤을 했다. 뜨거웠다. 양하의 희고 가는 팔이 범호의 목을 감싸 안았다. 양하는 두 눈을 꼭 감았다. 두 사람의 어색했던 몸짓은 자연스럽게 본능의 늪으로 빠져 들기 시작했다. 깊은 늪으로 한없이 빠져드는 기분은 뭐라 형언 할 수 없는 황홀 그 자체였다. 두 사람의 육신과 영혼이 하나로 묶여지는 의식은 첫 사랑이 숭고한 사랑으로 바뀌는 순간이었다.

6. 넌 소중하니까

범후는 소대장이 알려준 303호실 문 앞에서 긴장된 듯 긴 숨을 내쉬며 호흡을 가다듬었다.
똑똑똑
아무 응답이 없었다. 너무 작게 노크를 한 듯해서 주먹을 말아 쥐고 쿵쿵쿵 두드렸다.
양하는 깊은 수렁에서 헤쳐 나오듯 허공에 손짓을 하며 깨어났다. 두 눈을 비비고 머리를 흔들었다. 잠에서 아직 덜 깬 부스시한 모습으로 문 쪽으로 다가서며
"누구세요? 오빠야?"
범후는 "양하야 나 범후" 안심시키듯 말했다
"잠깐만"
옷매무새를 대충 고치고 길게 웨이브진 머리를 몇 번 쓸어 넘기고 잠긴 문을 돌려 열었다. 양하는 군복에 검게 그을린 범후를 보는 순간 낯선 사람을 본 듯 멈칫했지만 이내 범후의 품에 안겼다.
"많이 피곤했구나. 오는 날이 장날이라고 부대 비상이 걸려서 자칫 오늘 외박 못 할 뻔했어" 양하를 안은 양팔에 힘을 주었다. 벽에 등을 기댄 두 사람은 두꺼운 이부자리 위에 두 다리를 폈다.
양하는 배시시 웃으면서 부끄러운 듯 "오빠, 나 꿈 꿨어"
"무슨 꿈?" 담담한 범후의 물음에 양하는 살포시 눈을 내려 깔며 범후에게 팔짱을 꼈다.
"우리 하나 되는 꿈" 두 사람은 마주 보고 묘하고 야릇한 미소를 지었다.
양하는 큰 결심이라도 한 듯 엄마에게 범후 면회를 가겠다고 했다. 엄마는 말없이 근심 어린 표정으로 막내딸의 얼굴을 바라보면서 손을 잡았다. 엄마는 조용히 범후가 뭘 좋아하는지 물었다.

작은 오빠에게는 친구들과 1박2일로 여행을 가는 것으로 엄마와 입을 맞추었다.

힘들게 결정하고 온 면회였는데 비상이라니 모든 것이 허망하게 수포로 돌아가는 기분이었다.

졸업반에 올라가면서 졸업 작품이다 뭐다 하면서 스트레스가 쌓인 탓인지 담배를 손에 대기 시작한 양하였다. 여관 창문을 열고 답답한 마음에 담배에 불을 붙였다. 훅하고 담배연기를 불어 내었다. 못 만나도 할 수 없지. 양하는 뭔가 복잡한 심정으로 눈을 붙였다. 그리고 이내 깊은 잠에 빠져들었다.

8월의 마지막 더위로 방안의 열기는 남아 있었다.
브래지어를 어떻게 풀어야 하는지 몰라 허둥거리는 범후의 손을 잡아 브래지어를 당겨서 풀어주었다. 한 번도 보지 못한 양하의 속살은 희고 탱글했다. 작은 선홍의 꽃봉오리가 오똑 솟아 있었다.
엄마 품에 안긴 아기인 양 파고드는 욕정을 묻기 시작했다. 양하는 모든 것을 열어갔다. 마음도 몸도 활짝 열었다. 그 동안 짓눌렸던 무언가의 압박에서 벗어나고 싶었다. 다 줄 거야. 다 받아 줄 거야. 어금니를 살짝 물었다.
묵직하고 팽팽한 열기가 범후를 압박하기 시작했다. 머리 속이 하얗게 변하기 시작했다. 욕정이 정점으로 치닫는 순간 벌떡 자리를 차고 일어난 범후는 화장실로 급하게 들어갔다. 모든 것을 변기통에 쏟아 부었다.
찬물을 온몸에 틀어 댔다.
"안 돼, 안 돼, 소중한 양하를 지켜야 돼. 성스러운 그날을 위해서 이 고통이 큰 행복으로 치환될 그날을 위해서 지금은 지켜 줘야 해."
물기 안 가신 몸으로 양하를 끌어 안았다. 양하는 울고 있었다.
바보,
바보,
바보

7. 안 보면 멀어질까

범후는 쓸쓸히 아쉬운 작별의 손을 흔들었다. 물끄러미 버스 창 밖을 내려다보는 양하의 눈에서는 굵은 눈물방울이 아롱지기 시작했다.
바보, 안녕 안녕.
버스가 출발해서 첫 휴게소에 도착 할 때까지 양하는 손수건을 눈에서 떼지 못했다.
검지에 끼워진 반지를 만지작거리며 어젯밤의 모든 것을 다시 돌아가 바꾸고 싶었다.
범후는 바보가 아니라 진정 나를 사랑하고 소중하게 생각하는 사람이었음을 언제고 언제까지라도 기억하고 싶었다. 오빠 잊지 않을 거예요.
늦은 아침을 먹은 두 사람은 작은 소도시의 정취를 느끼면서 시내를 걷고 있었다.
번화가로 들어선 범후는 무엇을 발견이라도 한 듯 양하의 손을 이끌고 작고 초라한 금은방 문을 열고 들어갔다. 커다란 괘종시계가 한쪽 구석에 우람하게 자리 잡은 시계와 금은방을 겸한 가게였다.
영문 모르고 서있는 양하를 멀뚱히 세워 두고 범후는 진열장에 진열된 반지 하나를 골랐다.
시골에서는 보기 쉽지 않은 나름 세련된 디자인의 꼬임이 들어간 반지였다.
마치 주인을 기다리고 있었던 것처럼 양하의 약지에 꼭 맞았다. 양하는 극구 사양했지만 범후의 고집을 꺾지 못했다.
군대 입대하기 전에 꼭 해주고 싶었다는 말과 함께 반지 낀 양하의 손에 손 깍지를 끼었다. 죽어도 서로 놓지 말자는 의미의 손 깍지였다.
아직 군복이 그렇게 썩 잘 어울리지 않는 졸병과 도시의 세련된 여자가 손 깍지 낀 모습은 어딘가 어색하게 보였다.

방학이었음에도 작업실에는 졸업작품 준비로 분주한 분위기였다.

"양하야, 너 10월 달에 약혼 한다며? 소문 쫙 났더라"
부럽다는 듯이 희숙이는 양하가 말할 틈을 주지 않고 재잘거렸다.
"졸업하고 바로 결혼하고 파리로 유학 간다며? 좋겠다. 호박이 넝쿨째 굴러 들어왔네. 축하해"
양하는 긍정도 부정도하지 않은 채 작업복을 갈아입고 이젤 앞에 앉아서 작업 중이던 그림을 멍하니 바라보고 있었다.
양하를 떠나보내고 그 날 밤 대공초소에 보초 임무를 수행하던 범후는 뭔가 알 수 없는 불안감에 사로 잡혔다. 이유 없는 긴 한숨이 쉬어졌다. 뭔가 아쉽고 후회스럽기까지 했다.
그렇게 밝고 명랑했던 양하가 우울해 보이기도 했고 예상 못한 돌발행동들이 마음에 걸렸다.
소중해서 지켜준다고 했던 자신의 행동이 우습고 어쭙잖게 보여 진 것은 아닌지 스스로에게 묻고 또 물었다.
면회를 다녀간 양하는 소식이 2주째 소식이 없었다. 편지에 대한 답장도 없었다.
10월 첫 휴가였다. 답답했다. 철영이에게 편지를 썼다. 철영이 누나를 통해서 양하의 소식을 알고 싶었다. 철영이의 답장은 간결했다. 여자가 어디 양하 뿐이냐 다 잊으라는 것이었다. 휴가 나오면 술 한잔 하자는 얘기로 편지는 끝을 맺었다.
탈영이라는 단어가 생소하지 않은 나날이 계속 이어졌다. 허무했다. 야속했다. 그리고 자신이 처한 현실이 한없이 초라했다.
소대장님이 휴가증을 주면서
"김일병 애인하고 별일 없는 거지? 나가서 데이트 잘하고 귀대해라"
소대장님은 무슨 말인가를 덧붙였는데 범후의 귀에는 아무것도 들리지 않았다.
서울로 향하는 버스 안에서도 어떻게 하면 양하를 만날 수 있을까, 양하에게 무슨 일이 있었던 것일까 만을 생각했다.

다음 날 만난 철영은 환한 얼굴로 범후를 맞아 주었다. 기철이도 합류한 저녁 술 자리는 범후를 위로하는 자리였다.
"괜찮아 새꺄, 잊어, 잊으라고. 고무신 거꾸로 신은 년 한두 번 보냐? 귀두야 안 그래? 철영은 많이 취했다. 범후는 술을 마실수록 정신이 맑아 지는듯했다. 철영은 양하에 대해서 뭔가 아는 눈치였지만 극히 말을 아끼는 듯했다.
전화를 여러 차례 했었지만 번번이 양하가 없다는 답변만 받을 뿐이었다.
"범아, 내가 누나한테 얘기 해볼게. 직접 만나서 얘기를 들어 보는 게 상책이다"
혀 꼬부리진 철영의 말이 믿고 싶었다.
"안보면 멀어지는 게 아니고, 안 먹으면 멀어지는 거야 새꺄"
기철이가 원샷한 잔을 탁자에 소리 나게 내려놓으면서 큰소리로 말했다. 그리고 범후의 머리를 쓰다듬으면서 다시 귀에 대고 "이 시끼 너 도장 못 찍었구나, 빙신 시끼"라며 이죽거렸다.
"아웃 오브 터치, 아웃 오브 마인드 (Out of touch, out of mind), 명심해라, 범아"
"역시 귀두가 그 방면은 도사야, 도사 하하하" 철영은 계산대에서 술값을 계산하면서 호탕하게 웃었다. 범후도 그냥 따라서 크게 웃었지만 웃는 게 웃는 것이 아니었다.
그래도 시월의 밤공기는 시원했다.

8. 울지도 못하고

가영과 마주앉은 양하는 마음 고생을 많이 한 듯 초췌하고 파리해 보였다.
"양하야, 난 네가 어떤 상황에 처해 있든 무슨 생각을 했든 어떤 결정을 했든 간에 네 편이 되어주고 싶고, 네 의견을 존중 한다." 눈을 아래로 깔고 손만 만지작거리는 양하는 쉽게 입을 열 것 같지 않았다.
"일년도 사귀지 않았고 서로를 깊이 알지도 못했고, 한 참 사랑을 키울 때 훌쩍 군 입대를 하는 것은 무책임한 것 있을 수도 있겠지, 난 애초에 네가 기다린다는 것이 현실적으로 타당하지 않다고 봐왔어"
가영은 아직 마음의 안정을 찾지 못하고 불안해하는 양하를 위로하듯 말을 이어갔다.
"언니, 범후를 사귀는 것이 너무 힘들었어요. 집에서 작은 오빠를 비롯해서 누구 하나 허락하는 사람이 없었고, 막내가 불확실한 미래에 매달리는 것을 용납할 수 없다는 거예요. 가만히 있으면 좋은 혼처가 많이 나올 텐데"
양하는 목이 메인 듯 물을 한 모금 마셨다.

범후가 입대한 후 집안에서는 잘 됐다 싶다는 듯 양하를 설득했지만 완강하게 선도 보지 않았고 소개도 받기를 거부 해왔었다. 범후에게서 연락도 없었고 심리적으로 방황을 하게 되었다. 네 살 터울의 작은 오빠는 노골적으로 연락을 방해한 것도 알게 되었다. 졸업 작품 준비로 연락을 못했다는 핑계를 대었지만 마음은 그리 편치 못했다.
엄마에게 범후를 최종 만나서 결별을 선언할 것이니 면회 가는 것을 하락해달라고 했다.
잠자리를 같이 해선 안 될 것과 분명히 헤어져야 하는 것이 엄마의 조건이었다. 양하는 더 이상 집안의 반대를 이겨낼 재간이 없었다. 저항심이 생겼다. 엄마의 조건은 받아들였다. 그래 헤어질 때 헤어져도 난 내가 사랑하는 사람에게 모든 것을 주고 싶다.
그렇게 해서 갔던 면회였고 엄마에게는 조건을 지켰음을 떳떳하게 얘기했다.
엄마는 안도 했다.
작은 오빠는 범후와 헤어졌다는 말을 들었는지 다정하게 위로까지 해주었다.

9월의 태양은 여전히 뜨거웠다. 하얀 원피스를 차려 입은 양하는 시청 앞 프라자호텔 커피 숖으로 들어섰다. 작은 오빠가 손을 흔들었다. 자리에 앉았다. 뒤미쳐서 깔끔한 감색 더블 브레 양복에 행거칩으로 한층 멋을 더한 신사가 오빠와 반갑게 악수를 하면서 합석 했다.

작은 오빠의 친구로 아버지가 운영하는 무역회사에 근무하고 사무실이 소공동이라서 약속 장소를 프라자 호텔로 제안 했다고 했다.

그는 여고 시절부터 눈 여겨 봐왔는데 아주 예쁜 미인으로 다시 보게 되어서 너무 반갑다고 너스레를 떨었다. 범후에게서는 느낄 수 없는 세련미와 여유를 보는 것 같았다. 오빠는 이내 자리를 비켜주었다. 호텔 루푸탑 레스토랑에서 포도주를 곁들인 풀 코스 이태리 요리는 그녀의 메마른 감정의 빗장을 뽑아 버렸다.

그와의 첫 만남은 싫지는 않았고 또 다른 세계로 들어서는 느낌이었다.

그와의 만남은 몇 차례 이어졌고 작은 오빠와 엄마는 무언가 쫓기듯 서둘러 댔다. 아빠는 말이 없으셨지만 내심 반기는듯했다. 양가 상견례에서 약혼식 날짜를 10월 말로 잡기로 합의했다.

양하는 뭔가에 떠밀려서 급류에 쓸려가는 듯한 기분이 들었다.

작은 오빠는 오랜 백수생활을 접고 그 사람이 있는 무역회사에 입사했다.

자초지종을 다 들은 기영은 착잡했다. 철영이의 부탁도 있기는 했지만 범후의 일방적인 실연의 아픔에 동의 해주고 싶지 않았다.

"연애는 사랑에 빠지는 것이고, 결혼은 사랑을 하는 것이야. 네 마음이 어떤지 알 것 같아. 하지만 범후에게 너의 입장을 얘기 해 줄 필요는 있는 것 같다. 가엾지 않니?"

범후를 만나면 양하는 분명 흔들릴 것 같았다. 여전히 사랑하고 있었으니까. 작은 오빠가 함께 만나겠다고 했다.

"초면이죠 우리?"

조금은 위압적인 태도와 말투였다.
프라자호텔의 커피숍은 범후를 충분히 주눅 들게 할 만한 장소였다.
작은 오빠는 양하를 재촉하듯 빨리 할 말하고 가자는 듯 눈치를 주었다.
"나 이달 말 약혼하고 더 빠르게 결혼해요"
누런 봉투에 그 동안 범후가 주었던 모든 것을 담았다고 하면서 테이블 위 범후 쪽으로 쓱 하고 밀었다.
가난했던 범후가 준 것은 마음이었다. 봉투에 무엇이 들었는지 관심이 없었다.
양하는 그 때까지 끼고 있던 왼손 약지의 반지를 뽑아서 테이블 위에 올려놓았다.
범후는 준비했던 말들을 하나도 할 수 없었다. 일방적이긴 했어도 대꾸 할 말이 없었다.
더듬거리고 떨리는 목소리로 마지막 한마디 한 것이 다였다.
"그 반지는 내가 네게 남고 싶어서, 추억으로 남고 싶어서, 그러니까 그냥 간직 해주었으면 좋겠어. 친구가 준거라고 생각하면 되잖아"
양하는 입술에 힘을 주었다. 감정을 들키고 싶지 않았다.
두 사람이 떠난 자리에는 누런 봉투 하나만 덩그러니 남았다.
나비 넥타이 차림의 웨이터가 찻잔을 치워도 좋으냐고 물을 때가지 그렇게 한참을 앉아 있었다.

9. 세월에 아픔을 묻고

세월은 흐른다.
아픔도 슬픔도 덮고 흘렀다.
첫사랑이란 마음대로 이루어지는 것이 아니었고 계획에도 없었던 것이 훅 하고 들어왔다 획 가버리는 것이지만 아련히 가슴 한 구석에 남아 있었다.
뭘 하던 국방부시계는 돌아간다는 자조적인 병사들의 말은 틀림이 없었다.

졸업 전에 취업이 확정된 이후 여유로운 시간이 찾아왔다. 철영은 해군 학사장교시험에 합격해서 정훈장교가 되어 용산 국방부에 근무했다.
기철이는 군 면제라서 일찌감치 잡지사 연예부 기자가 되어있었다.
오랜만에 세 사람은 용산의 허름한 차돌박이 집에 모였다.
"범아, 너는 지방으로 자원 했다며? 거기가 본사니까 한번 가면 서울 오기 어려울 걸, 잘 생각해라"
기철이가 기자답게 회사정보를 줄줄 엮어가며 입사를 만류했다.
"이 꼴 저 꼴 안보고 조용히 있을까 해서…… 기숙사도 준다고 하니까 집 걱정도 안 할 수 있고, 지방수당도 짭짭해서 자원했다"
범후의 사정을 잘 알고 있는 두 사람은 고개를 끄떡였다.

이른 아침 압구정 현대백화점에서 출발한 회사버스는 점심시간이 조금 지나서 연수원에 도착했다.
"머리를 짧게 깎자" 아치형 정문에 크게 붙어있는 섬뜩한 표어를 보는 순간 교도소에 입소하는 것 같은 착각에 빠졌다. 하얀 헌병 헬멧, 군화, 스프링 찰랑거리는 줄 세운 바지를 입은 경비들은 절도 있는 거수경례로 버스를 인도했다.
탁 트인 바다를 마주한 연수원은 정문을 통과 할 때 느꼈던 묘한 반항적 감정을 누그러뜨리기에 충분했다. 그룹 창업주의 담담한 마음을 가지기에는 최적의 장소였던 것 같았다.
신입사원은 언제나 부서 분위기에 활기를 불어 넣는 원동력이 되는 것 같았다. 신상명세서는 여사원들이 사이에 순식간에 퍼졌다. 범후도 예외는 아닌 듯싶었다. 경상도 특유의 사투리는 서울 청년에게는 그리 유쾌한 느낌은 없었다. 여사원들은 동물원 원숭이 구경하듯 삼삼오오 범후가 근무하는 사무실을 기웃거리고 지들끼리 뭐가 그리 좋은지 키득거렸다. 바닷바람에 그을린 아가씨들의 피부는 화장한 얼굴과 목의 피부색이 완연히 달랐다.

훗날 알게 된 사실은 많은 신입 사원들이 그녀들의 헌팅 대상이었고 그 중 사내 커플도 서너 커플씩 탄생한다는 거였다. 범후는 예쁘게 포장된 정제된 사투리도 싫었다. 주말이면 특별한 일이 없으면 서울로 향했다. 서울도 특별한 일은 없었지만 부모님을 뵙는 것이 그나마 위안이었다.
그 나이가 되도록 부모님은 전세살이를 면하지 못했다. 월급의 대부분을 적금을 들었다.
업무는 빠른 속도로 익숙해졌다.
그렇게 3년이란 세월이 흘렀고 적금과 대출로 마련한 목돈은 부모님이 셋방살이를 면하게 하는데 큰 보탬이 되었다.
직장생활은 순탄했다. 때가 되면 진급도 제 때 했다.

범후가 화학공장 증설 공사에 현장소장으로 부임한 나이는 겨우 마흔 두 살의 나이였다.
현장 하청사 소장들의 나이는 열 살 이상 많았다. 주변에서 우려하는 목소리가 들렸다.
하청사 소장들이 새파랗게 젊은 소장을 가지고 놀다 돈만 다 빼먹고 공사를 망칠 것이란 소문이 파다했다.
하지만 하청사 소장들의 상대는 만만치 않았다. 십여 개 하청사 소장들은 하나 둘씩 갈려 나갔다.
하청사에서 동원한 임부를 가장한 깡패들이 들이 닥쳐도 눈 하나 깜박이지 않았다.
하청사 한 곳이 임의 부도를 내고 도주했다. 밀린 임금을 달라고 공사현장에서 데모가 일어났다.
현장 사무실로 인부들이 몰려오고 있다고 다급한 무전이 들어왔다.
김범후 소장은 오히려 그 쪽 현장으로 차를 몰았다. 수 백 명의 인부들이 구호를 외치고 현장 기물에 불을 붙이고 소란을 피우고 있었다.

수년 전의 극심한 노사분규를 겪은 경험이 있는 범후에게는 이런 소란쯤은 일도 아니었다. 그들이 요구하는 것은 한가지 밖에 없다는 사실을 알고 있었다.
"여러분, 현장 소장 김범후입니다"
여기저기서 욕설이 튀어 나왔다. 새파랗게 젊은 녀석이 뭘 어떻게 하겠냐는 식이었다.
"밀린 임금 책임지고 직접 지불하겠습니다. 이 현장은 오늘 부로 직영 체제로 바꿉니다. 지금 이 시간 이후 작업장으로 복귀 하지 않으면 밀린 임금을 책임질 수 없습니다."
여기저기서 다시 웅성거리기 시작했고 작업자들이 하나 둘 일어서기 시작했다. 작업 현장은 바로 정상화가 되었다.
본사에 급전을 때렸다. 현재 남은 공사 대금으로 충분히 2공구의 공사를 마무리할 수 있음을 보고 했다.
6개 공구의 총괄 소장의 능력은 그렇게 입증되기 시작했다.
공사의 진도에 따라서 집행해주는 공사대금 기성을 칼같이 지켰던 결과였다. 여러 경로를 통해서 과 기성에 대한 압력과 청탁이 들어와도 원칙을 철저하게 지켰다.
공기는 곧 돈이었다. 밤낮으로 공기를 맞추기 위해서 밀어붙였다.
불도저라는 별명도 붙여졌다.
2년간의 공사는 그렇게 성공적으로 끝마쳤다.
김범후가 맡은 6개 공구를 제외한 나머지 공구는 모두 적자가 났다.
공사를 성공적으로 마무리한 김범후에게 주어진 것은 진급과 동시에 해외 공사 현장으로의 파견근무 명령이었다.
지금껏 누구도 가보지 않은 아프리카 오지로의 파견이었다.
현장은 이 메일 수신도 어려운 오지였다. 현장 개설을 위한 6개월은 휴가도 반

납한 처절한 전쟁과도 같았다.
이 메일을 송수신을 위해서 시내에 위치한 통신사를 방문해서 노트북으로 다운 받아 와야 했다.
그 날도 범후는 메일을 접수한 노트북을 살펴보고 있었다. 회사와 주고받은 메일을 처리하고 개인 메일함을 열어보았다.

"혹시 이메일 주소의 주인이 H대학 졸업한 김범후씨 인가요?"
간단한 메일이었다. 발신자를 찬찬히 들여다본 범후는 두 눈을 의심하지 않을 수 없었다.
발신자가 yanghayu@ooo.net 되어 있었다.

10. 끝. 사랑의 시작

잠시 망설여졌다. 20년 전의 아픔을 다시 들추고 싶은 마음은 없었지만 왠지 호기심이 발동했다.
누군가 뭔가 노리고 보낸 메일은 아닐까에 이르러서는 다시 망설여졌지만 자신도 모르게 메일에 답장을 쓰고 있었다.
"양하? 김범후는 맞습니다만 누구신가요. 까마득한 기억 저편에 있던 젊은 시절의 첫 사랑이 연상되네요. 장난을 하시려거든 동작 그만하시고 돌아가시는 것이 좋겠습니다."
역시 간단하지만 뭔가 여지를 남긴 듯한 답장을 보냈다.
아쉽고 아팠던 첫사랑의 기억을 소환했던 메일은 잠시 잊혀졌다.

"범후 오빠가 맞군요, 양하예요.
첫 사랑은 남자에게만 잊혀지지 않는 추억은 아닌가 봐요.
오빠에게 깊은 상처만 주고 떠났다는 죄책감에 한 동안 괴로웠습니다.
결혼 하셨죠? 행복 하죠? 제가 메일을 보내서 아픈 과거를 들춰서 오빠를 다시 힘들게 하고 싶은 마음은 없어요.
저도 아주 행복하게 잘 지내고 있어요.
딸이 H대학에 입학하게 되어 불현듯 생각이 났어요.
부담 가지실 필요도 없고 부담 드릴 일도 없어요.
결혼하고 바로 파리로 왔고 바로 애가 들어서서 계획했던 미술 공부는 완전 접었지요.
산후 우울증으로 고생하다가 3년 만에 귀국했어요. 기영 언니와도 연락이 끊겨서 바람결이라도 오빠 소식을 듣지 못 했어요
오빠는 강하니까 잘 살고 계시리라 믿어요.
중략
그럼 항상 건강하시길 빌면서 이만 줄입니다.
유양하 드림
P/S : 제가 오빠 메일 주소 알게 된 것은 비밀입니다""

혼란스러웠다. 강산이 두 번 바뀐 세월에 옛 감정이 야릇하게 겹쳐졌다.
솔직히 양하에 대한 배신감은 이미 다 퇴색 되어 버렸지만 프라자 호텔에서의 무너져 내렸던 감정이 꿈틀거리고 살아나기 시작했다. 왠지 그 비참하고 참담했던 감정에 대해서 스스로 보상 해주고 싶었다.
현장 개설을 끝내고 한 달간의 휴가를 위해서 귀국했다. 프라자 호텔에 3일간의 일정으로 여장을 풀었다. 라운지에서 양하를 만나기로 했다. 5월의 싱그러움은 회전문을 돌아 들어서는 양하에게서도 느껴졌다.
밝은 겨자색 원피스에 브라운 로퍼를 신고 한 손에는 샤넬 핸드백을 들고 들어서는 양하는 20년 전 밝았던 모습 그대로였다.
양하는 로비 커피숍을 잠시 두리번거리는 듯하다 바로 양하를 알아보고 앉아 있던 범후를 향해서 손을 내밀었다.
"이게 몇 년만이야, 하나도 변하지 않았네"

양하의 손을 끌어 자리에 앉히면서 말했다
"오빠도 많이 안 변했네"
양하는 젊은 시절의 웨이브 진 긴 퍼머넌트 머리 그대로였다. 얼굴의 생기는 다소 잃은 듯했지만 나이를 가늠하기 쉽지 않았다.
두 사람은 어제 만난 연인처럼 자연스럽게 옛일을 하나 둘 풀어내기 시작했다. 양하는 당시 범후와의 교제를 집안에서 반대해서 힘이 들었고, 자신의 힘만으로는 현실을 타계하기 어렵다는 것을 알았다. 그래서 임신이라는 극단적 선택을 결심했고 면회를 갔었다. 임신을 하면 부모님과 작은오빠도 더 이상 자신을 어떻게 하지는 못할 것이란 생각을 했다. 모든 걸 다 줘버리고 싶었다는 그녀의 첫사랑에 대한 고백도 덧붙였다.

그녀의 계획은 범후의 돌발적인 행동으로 수포로 끝이 났지만 자신은 모든 걸 주었고 범후도 그렇게 생각할 거라고 믿었다. 그의 바보 같은 행동이 자기를 소중하게 여겨서 그랬다는 것도 알았다고 했다.
면회를 다녀오고 몇 주 지나서 작은 오빠의 채근으로 소개팅을 했고 그 사람이 싫지는 않았다.

범후를 기다리기에는 주변에 아무도 힘이 되어줄 만한 사람도 없었다.
결혼조건도 좋았다. 결혼 후 그 사람은 파리지사로 부임할 것이고 양하는 파리에서 미술 공부를 더 할 수 있다는 당시로는 파격적인 조건이었다.
양하는 흔들렸고 범후를 기다릴 자신이 없어져 갔다. 그 해 10월말에 약혼을 했다. 다음해 2월 졸업을 하고 이내 3월에 결혼을 했다. 약혼 전에 기영 언니의 주선으로 범후를 만났다지만 그땐 모든 상황이 돌이킬 수 없을 정도로 급물살을 탄 상태였다. 너무 보고 싶었고 사랑했던 사람이 군복차림의 초라한 모습으로 앉아있는 것은 견딜 수 없을 만큼 큰 고통이었다.

반지는 돌려주고 싶지 않았지만 돌려줘 봤다. 예상대로 돌려받아서 내심 그나마 위안이 되었다. 범후를 뒤로 하고 돌아와서 정말 많이 울었다. 지금 생각해 봐도 부모님 돌아가셨을 때도 그렇게 많이 울지 않았던 것 같았다.

결혼 후 예정대로 파리로 이주했고 임신을 하게 되어 공부는 포기했다. 출산 후 산후 우울증으로 3년 만에 아기와 자신만 돌아왔다. 남편은 새로운 현지 여자가 생겼고 결혼 5년 만에 협의 이혼을 했다. 지금은 작은 미술학원을 운영하면서 마음 편히 살고 있다.

여기까지 얘기를 들은 범후는 깊은 한숨이 새어 나왔다. 지난 세월의 아픈 흔적이 자신에게만 있지 않았다는 것을 알았다.

이층으로 올라가는 에스컬레이터에서 양하 보다 한 계단 밑에 서서 올라갔다. 예약한 양식당의 조명은 밝지도 어둡지도 않았다. 창 밖으로 시청 건물이 한눈에 들어왔다.

식전 빵으로 마늘빵과 올리브 오일에 발사믹 소스가 곁들여 나왔다.

"언니는 예뻐? 딸은 누구 닮았어? 행복해?"

그녀는 쉴 새 없이 궁금한 것들을 쏟아냈다. 답을 듣자고 하는 질문 같지 않았다. 마치 자기 것을 남에게 잠시 빌려준 사람처럼 추궁하는 말도 서슴지 않았다.

"오빠, 우리 강촌 가자"

와인으로 발그레진 볼을 두 손으로 감싼 달뜬 모습에 가슴이 확 달아올랐다.

"발렛 파킹하고 라운지에 있으니까 내려와요"

밝고 들뜬 목소리가 수화기를 통해서 들려왔다.

차 안은 특유의 여성의 성숙한 향이 느껴졌다.

강일IC 에서 서울 양양 고속도로로 진입했을 때 양하는 배가 고프다고 했다.

서종IC 에서 빠져 나와 조금 가니 막국수 간판이 보였다.

"예전에 명륜 극장 옆 골목에서 먹었던 튀김하고 라면 맛을 평생 못 잊을 것 같아. 이제 가게가 없어 져서 아쉬워, 오빠"
흘러가버린 세월 속의 공통분모는 여전히 살아 꿈틀거리며 두 사람의 긴 공백을 채워 나가고 있었다.
예전 민박집은 멋진 카페로 변해 있었다. 너른 잔디밭에서 바라보는 청평호는 그대로였다. 모터보트는 물보라를 뿜으며 급회전을 반복했고, 주변으로 개량된 보트들이 한가롭게 떠 있었다.
양하는 청바지에 예전의 세줄 무늬 아디다스 운동화를 신고 있었다.
"오빠 우리 오늘 별 보고 가자"
양하는 밀렸던 것을 한꺼번에 다 하려는 듯 많은 것을 주문했다. 멈칫거림도 없이 작심한 듯 거침이 없었다.

작지도 크지도 않은 펜션이었다. 북한강 기슭에 자리 잡고 남이섬이 한눈에 펼쳐져 보이는 사계절이 모두 아름다울 것 같은 펜션이었다.
달빛은 강물에 반사되어 비춰지고 별빛은 넓은 창으로 쏟아져 들어왔다.
그녀는 떨고 있었다. 어깨에 얹은 손으로 떨림이 전달되어 왔다. 포근히 감싸 안아 올려 가벼운 입맞춤을 했다. 서두르지 않았다. 가슴은 이미 뜨거웠다.
별빛 묻은 두 영혼이 맞잡은 손으로 어둡고 긴 터널의 끝을 보고 걷는다. 실오라기 하나 걸치지 않은 두 영혼은 형언 할 수 없는 아름답고 밝은 빛이 기다리는 끝으로 끝으로 걸어갔다.
터널 밖으로 한발을 내 딛는 순간 눈을 뜰 수 없는 강한 밝음이 두 영혼을 빨아들였다. 영롱한 빛 속 깊숙이 빨려 들어갔다.

양하는 울고 있었다. 흐르는 눈물을 감출 수가 없었다. 그의 품에 꼭 안긴 채 어깨를 가늘게 흔들며 흐느꼈다. 알 수 있을 것 같은 그녀의 눈물에 등을 쓸어안았다. 그녀의 머릿결에서는 첫사랑의 향이 고스란히 묻어났다.

"눈이 퉁퉁 부어서 어떻게 하냐"는 근심어린 말에 그녀는 가슴이 뻥 뚫린 것 같이 후련하다고 했다.
서울로 돌아오는 내내 그녀는 편안하게 잠들어 있었다.

그녀의 부음을 받은 날은 현장 복귀를 일주일 앞두고 있었던 늦은 오후였다.
현장 복귀 3일전에 만날 약속을 했었고 하루도 빠짐없이 통화를 했었다.
아무런 이상 징후도 없었다. 장난치려고 보낸 문자 메시지로 알고 전화를 걸었다.
앳된 목소리의 여자가 전화를 받았다. 딸이었다. 사실이었다. 가슴이 무너져 내렸다.
서울로 향하는 비행기는 너무 느린 듯 날았다.
도착한 장례식장은 텅 비어 있었다. 그 흔한 조화 하나 없었다.
꽃으로 장식된 영정 속의 양하는 "오빠 기다렸어. 보고 싶었단 말이야" 투정과 애정이 뒤 섞여 말을 붙여 오는 듯했다.
딸아이는 자신의 이름이 장하은이라고 했다.
엄마는 이혼 후 다시 우울증이 발병했었고 뇌심혈관계 질병으로 심장 스텐트 시술을 두 차례나 받았었다.
이혼 위자료로 받은 돈은 작은 외삼촌의 꾐에 넘어가 거의 날렸으며 힘들게 미술 학원을 운영하며 살아왔었다.
가끔씩 술을 한잔하면 첫사랑 얘기를 했고 첫사랑에 성공 했으면 더 예쁜 하은이가 되었을 거란 얘기도 했다.
엄마는 아저씨에 대해서 너무 궁금해 했고 자신도 궁금했다고 말했다.
H대학에 입학 후 학보사 기자가 되었으며 동문회보지의 졸업자 명단에서 같은 이름의 연락처와 이메일 주소를 확인해서 엄마에게 전달했었다. 엄마는 자신을 기억할까 걱정하면서 메일을 보냈다고 했다.
아저씨가 맞다는 메일을 받고 어린아이처럼 좋아했다고 했다.

하은이는 엄마의 첫사랑에 대해서 귀가 닳도록 들었다고 했다.
최근에 아저씨와 첫사랑이 시작된 곳으로 여행을 갔다 왔다고 들었다.
엄마는 새로운 삶을 얻은 것처럼 생기가 살아났다. 그리고 3일전에 갑작스런 심정지가 와서 구급차로 병원에 실려 갔지만 병원에 도착했을 때는 이미 이 세상 사람이 아니었다. 너무 평온하고 살짝 미소까지 머금은 듯한 엄마의 표정은 행복해 보였다고 했다.
엄마를 꼭 빼 닮은 하은이는 나이에 비해서 많이 어른스러웠다.
범후는 그림자처럼 장례식장을 지켰다.
장례비용은 조문객이 많지 않은 탓인지 예상보다 비용 크지 않았다.
하은이의 완곡한 거절은 있었지만 모든 장례비용을 부담했다. 양하가 갖고 싶다는 명품가방 하나 사주려고 했었던 금액이었다.

하은이는 엄마의 뜻일 거라며 강촌 청평호에 재를 뿌리겠다고 했다.
보트를 저어 얼마 전 함께했던 펜션이 보이는 곳에 도달해서 재를 뿌렸다.
비로소 눈물이 쏟아지기 시작했다.
안녕, 양하야, 아픔도 주었던 너였지만 내 마음의 깊은 곳에 꼭꼭 숨겨 놓았던 소중했던 보물 같은 너였다. 내 사랑 양하, 우리 다음 생애에서는 깍지 꼈던 손 풀지 말고 재가 되는 그날까지 함께 하자.
모든 것이 끝났다.
하지만 마음 속 깊은 곳에 소중했던 보물 같은 첫사랑 양하는 더 깊은 곳에 아무도 모르게 다시 숨겨졌다.
오늘도 저 흐르는 강물에 조용히 너와 나의 회상을 띄워 보내며 물끄러미 빈 하늘을 쳐다본다. (끝)

*월간 시사문단 2023년 6월호, 6월의 소설로 선정 발표된 작품

이정식

에어라인뉴스센터 대표이사
휘브라더스, 휘시향 회원

<공수래공수거>

공수처를 만든다고 난리법석 떨더니만
수사한번 못하면서 검찰개혁 부르짖네
래파토리 지겹구나 내로남불 남의탓만
공직자들 해이해져 정보빼내 돈불리고
수다스런 정치인들 여나야나 같은놈들
거품물고 쓰러지는 백성들은 어찌할꼬

<유붕자원방래불역낙호>

유난히도 정이 많은 녀석인데....
붕어빵 하나라도 나누어 더 큰 쪽을 건네주던 녀석
자원봉사자 모집하면 제일먼저 앞장서던 녀석
원인 모를 우울증에 빠져있다네
방구석에 쳐박혀 세상을 등지려는 듯 ㅠㅠ
래프팅 하러 동강에 델꾸 가서 기분전환 시켜볼까나?
불치병은 아니겠지 어떻게 위로해야 예전처럼 힘을 낼까?
역시 특효약은 여인의 향기
낙화암에 델꾸 가서 삼천궁녀 체취라도 느껴 볼까나?
호남선에 몸을 싣고 친구야 같이 가자 여인의 향기를 찾아서....

<미나리 이야기...>

달콤한 연노랑색 바람이
미나리에 앉은 잠자리한테 최면을 건다
꼬맹이 눈이 반짝 반짝
생포할 순간의 기회가 아까워
진흙탕 속으로 살금살금
엄지 검지 세워 들고 숨 멈춘 채 날렵하게...
파다다닥 파다다닥
검지 중지 사이에 잠자리가 얌전해진다

미나리 밭 흙탕물 위에 따가운 햇살비치니
화가나신 엄마얼굴이 떠오른다
신나던 꼬맹이가 걱정스런 표정이다
집으로 달려간다
애써 잡은 잠자리도 하늘높이 날려보내며...
엄마 손에 등짝 잡힌 꼬맹이가
우물가에서 징징거린다
벗겨진 바지 속에 몽실몽실 엉덩이가 이뿌다

엄마 등에 업혀온 꼬맹이가
툇마루에 조그만 발자국을 찍으며
두 손으로 고추를 가린 채 방으로 뛰어든다
열살 짜리 누나가 수건을 던져준다
디딤돌 위 하얀 고무신엔 까만 물기 위에
미나리 잎새가 붙어있다....

<연민>

순백의 눈꽃이
까만 가지에 앉아
도도하게 뽐내니
햇님이 시샘하여 널 울리고
까만 가지 적시운다

벗나무에 소복 소복 쌓인
새하얀 꽃잎이 너무 예뻐서
팥쥐 닮은 찬비가 너를 괴롭혀도
젖은 모습이 더 슬프게 요염하다

시새우던 봄바람마저
매몰차게 밀어내니
결국 힘에 겨워 떨어지네

숨어서 질투하던
회오리 마저
돌돌 말아 어디론가
너를 날려 보낸다

아....
화려함의 끝은
질투를 부르는
아쉬움과 슬픔이다....

<은화백 축하 5행시>

은은하고 절제된 화려함
화양연화가 지금 이 순간이군
백치미가 느껴지는 성숙함이여

축복받은 붓의 터치로세
하이든의 교향곡을 눈으로 들어보네

** 이 시는 은학수 군의 그림 개인전 당시에 축하해 주기 위한
축하 5행시입니다.

<휘문 졸업 오십 주년 8행시>

휘황찬란했던 젊음과
문득문득 떠오르는 얼굴들
졸깃졸깃한 추억들을
업데이트 함께 합시다
오글거리는 첫사랑 얘기부터
십시일반 합시다 추억 꺼내기
주전부리와 막걸리는 항시 대기 중
년중 무휴입니다

** 정식이네 집으로 오셔요! 광장동입니다 ㅎㅎㅎ

<해피크리스마스>.

해는 또 바뀔 거다 새해는 또 온다
피할 것은 피하고 아픈 것은 잊자

크게 불리지도 작게 줄이지도 말자
리본 달고 촛불 켜는 간절한 마음들과
스스로가 반성하는 서로들이
마주앉아 화합하기를....
스위트 한 2017 정유년을 만들어보자...

** 환갑 생일을 보냈던 병신년 2016 크리스마스에 씀

<흰눈이 내리다>

흰 머리가 멋스럽군 어릴 적 내친구들
눈에 선하구나 오래 전 옛 추억들
이순이 넘어선 지긋한 나이에도
내 친구들 앳된 모습 정답게 떠오른다
리리 리자로 끝나는 말은
개나리 보따리 미나리 항아리
강아지 한 마리~~~♡♡♡
다같이 노래하세 곱던 옛추억들...

<안 울 뻔했는데>

남편이
노랑색 여자 빤쑤를
입고 들어왔다
울었다

남편이
빨강색 여자 빤쑤를
입고 들어왔다
울었다

남편이
다른 놈 남자 빤쑤를
입고 들어왔다
울진 않았다
홍석천 꺼란다
엄청 울었다...

<탁한 물길 속의 연꽃>

탁상공론 그만 해라 포퓰리즘 짜증난다
한마음과 한 뜻으로 힘든 시간 극복하자
물가 상승 지가 상승 그까짓 거 별거더냐
길동무는 누구더냐 트럼프냐 정은이냐 ?
속고 속는 험한 세상 이러한들 저러한들....
의연하게 멀리 보며 작은 손해 감수하고
연대보증 함께하자 대한민국 경제 위해....
꽃놀이패 필요 없다 함께 뛰자 조국 위해....!!

** 어지러운 정치현실 속에서 주어졌던 시제 "탁한 물 길 속의 연꽃"

<한가위 날>

한여름 밤의 꿈 같은 해피 엔딩
가난해도 마음은 부자인 연인들
위로가 필요한 내게 진한 키스를
날개를 활짝 펴고 희망의 나라로

<부처님 오신 날>

부끄러운 행동 없는 당당한 삶
처음처럼 빈손으로 욕심 없는 삶
님비현상 싫어하는 함께하는 삶이다
오월의 향기 가슴에 가득 담고
신나게 날아보자 뭉게구름 즈려 밟고
날개를 활짝 펴고 힘차게 당당하게

이충노

중앙선거관리위원회 근무
민주평화통일자문위원회 근무
한국철도공사 특동 근무
휘시향 수석부회장

古典文學 詩詞의 이해와 그 향기

● 글을 쓰면서

중국의 일반 서민들은 단 한 번도 이제까지 자신들의 국가를 세운 적이 없습니다. 그래서 중국에서는 고전 문학을 이해하고 연구하는 사람이 별로 없을 뿐만 아니라, 관심도 거의 없고, 단지 현재에 상당히 영토가 넓고, 인구가 많고, 경제력이 커져가고 있다는 자부심만 가지고 있는 나라입니다. 그래서 우리나라의 퇴계, 율곡 같은 사람들이 오히려 더 깊이 연구하였고, 중국에서도 학문을 아는 사람들은 이 분 들을 존경한다고 공공연히 이야기합니다. 이러한 전통을 이어받은 한국의 유림 들의 뒤를 잇고 그들의 관점에서 정리해 보았습니다.

중국 공산당이 세운 신중국에서 인민은 '국민'이라 불리지 않고, 그저 '중공의 노예'인 人民일 뿐입니다. 고대 중국이라는 추상적 개념 속의 '청나라 백성'들이 공산당에 의해 '해방된 계급'이자 '통치 받는 계급'이 되었습니다. 1949년 이래로 대륙의 주인은 공산당이었고, 통치 계층은 왕정에서 중국 공산당 정권으로 바뀌었을 뿐입니다. 그나마 고대에는 여러 나라가 공존하면서 다양한 문화가 있었으나, 근세에는 외세에 엄청나게 휘둘려서 최근의 원나라, 명나라(주원장도 한족이 아니라는 설이 있음), 청나라가 모두 외세에 의해서 세워진 왕국이었기 때문에 지배구조와 상관없이 국민들은 생존을 위해 살아왔으며, 중국 즉 중화인민공화국의 주인은 공산당이지, 인민이 아니라는 것을 의미하고, 문학이 제대로 평가되고 발전이 될 리가 없다는 것을 의미합니다.

가장 좋은 예로 중국 사람들은 겉으로만 봐서 원나라 때 중국이 유럽까지 영토를 넓혔다고 이야기하는데, 이는 마치 일제 강점기에 우리나라가 영토를 일본 영토와 동남아까지 넓혔었다는 이야기와 동일한 개념입니다.

대만의 상황도 중국 대륙과 비슷합니다. 대만의 주인은 대만에 살고 있던 원주민이 아닙니다. 육지에서 내려온 국민당이지요. 그래서 대만의 '국가(國歌)'는 국민이 만든 노래가 아니라 쑨원과 국민당이 만든 노래인 国民党歌입니다의 현재는 원주민 들이 만든 당과 국민당이 경쟁하는 구도이기는 한데, 최근까지의 대만의 통치자들은 외지에서 온 세력들이었습니다. 스페인, 네덜란드, 정성공, 일본 군국주의, 그리고 장제스의 국민당까지. 통치 받는 대만 계층에게 일본의 통치는 다른 통치자들보다 훨씬 좋았다고 여겨졌고, 그래서 현재의 대만 사람들은 아직도 일본의 통치를 잊지 않고 오히려 감사하게 생각한다고 할 정도입니다.

따라서 저는 이 글에서 저 나름대로의 역사관과 철학을 가지고, 그 나라가 어느 나라이든지 옛 선인들의 좋은 시가 있으면, 분석하고 현대에 맞게 재해석하여 봄, 여름, 가을, 겨울 사계에 맞추어 정리해 보았습니다.

● 봄(春天)

1. 청명시절에 중국 江南 桂林을 노래하니 이 또한 즐겁지 아니한가?
좋은 시 속에 있는 계림의 경치는 단순한 경치가 아닙니다. 그 한 폭의 그림 같은 경치 속에는 무수한 사람들의 자취와 숨결이 녹아 여전히 살아 숨쉬는 듯합니다.
저는 한 사람의 나그네로서, 봄날 桂林 속 담겨진 情绪를 통해 옛사람들과도 소통하고 桂林春日의 진정한 맛과 멋을 체험하려 합니다. 진정한 봄날은 음력 3월의 시작날인 清明이 우리에게 진정한 봄날임을 느끼며, 杜牧의 시 한편을 가지고 옵니다.

<清明>
청명시절 봄비가 마구 흩날려,
길가는 행인들 놀라 허겁지겁하네.
주루가 어디에 있는가 물으니,

목동은 저~ 멀리 杏花村을 가리키네.
봄날의 계림의 멋진 경치를 생각하며 나도 시를 한 수 지어봅니다.
어디에 있든 어느 때든 그립다.
너와 살면서 쌓아둔 것은 '사랑해'
봄도 無色한 네 미소 생각나면
에둘러 멀리 하늘 끝 바라본다.
꽃내음 퍼져가며 주위를 감싸니
봄날의 화사함에 마음만 심란해
강가를 걸어가며 홀로 삭여보네

2. 봄이 되면, 봄날을 대표하는 당대의 명작 王羲之의 《난정서(蘭亭序)》를 떠올리지 않을 수 없습니다. 원문의 느낌을 잘 살리도록 한글로 잘 번역된 글이 없고, 휘시향의 모인 취지와도 잘 맞아 들어가는 것 같아, 그 서문을 나름대로 번역을 해서 올려봅니다.

영화 9년, 계축년 3월 삼짓날에, 회계산음의 난정에 모여 계사를 행하였다. 뭇 선비들이 나이를 가리지 않고 다 모였다. 이곳 난정에는 높고 험한 산령, 빽빽한 나무숲과 높게 뻗은 대나무들 그리고 맑고 세차게 흐르는 계곡물이 있어, 蘭亭 정자의 주위와 서로 어울려 조화로웠다. 곡수에 잔을 띄우기 위해 맑은 계곡물을 당기고, 뭇 선비들은 곡수변에 열을 맞춰 순서대로 앉으니, 비록 풍악의 성대함은 없어도, 술 한잔 시한수로 또한 그윽한 정감을 펴기에 부족함이 없었다.

이날, 날은 쾌청하고 봄바람은 산들 불고 따뜻하였다. 고개 들어 우주의 광활함을 우러러 보고, 고개 숙여 대지 만물의 다양함을 굽어 살피며, 조금도 편견 없는 안목과 넓은 도량으로, 족히 보고 듣는 즐거움에 끝이 없으니 참으로 매우 즐거웠다.

무릇 사람끼리 교류하는 우리네 삶은 금방 흘러 간다. 어떤 이는 방안에서 벗과 마주보며 속내를 터놓고 환담하고, 또 어떤 이는 사물에 감정을 실어 표현하며 유유자적 살아가는데, 각자 좋아하는 취미와 기질의 정과 동은 다르지만, 각자 접촉하는 대상에서 기쁨을 느낄 때, 잠시 스스로 만족하여 기쁨과 충만에 취하면서, 생각 밖에 늙음이 곧 다가옴을 모른다. 좋아했고 만족했던 것이 싫어지고, 새로운 대상에 옮겨 감정이 변해지니 감개는 대상 따라 만들어 지는 법이다. 이전에 좋아한 것이 순간 이미 옛 것이 되었음에도 그로 인해 감정을 일으키지 않을 수 없는데, 하물며 수명의 장단이리오! 자연의 조화에 따라 결국 소멸한다 들었으니 옛사람은 말한다, "죽고 사는 것은 대사일진대, 어찌 비통하지 않을 수 있으리오?"

매번 옛 사람이 감개한 까닭을 살펴 보면, 마치 부절이 합쳐지듯, 과연 옛 사람의 문장을 마주할 땐 탄식하고 슬퍼함을 피할 수 없어 가슴에 와닿지 않음이 없었다. 본래 삶,죽음이 하나라는 말과 장수,단명이 하나라는 말은 거짓이고 황당하다. 후세 사람이 오늘의 우리를 보는 것은 또한 오늘의 우리가 옛 사람을 보는 것 같을지니, 매우 슬프도다! 오늘 모인 이들 한 사람 한 사람의 이름을 적고 그들의 작품을 기록하는 까닭은, 비록 세상사 달라져도 인간의 감정이 일어나는 것은 같을지니 훗날, 이 글을 마주 보는 사람은 또한 느끼는 바가 있으리라.

3. 봄 밤에 桃李園에서 즐기다
밤이 이슥해지고, 술도 한잔 들어가니 李白의 시 "春夜宴(从第)桃李園序"가 떠오릅니다. 알기 쉽게 한글로 정리해봅니다.
무릇, 천지는 만물이 잠시 머무는 곳이고
세월은 나그네 같아 가고는 아니 온다.
인생은 꿈처럼 덧없으니 얼마나 기쁨이 있을까?
옛 사람이 촛불 밝혀 밤놀이함도 실로 이유가 있다

하물며, 봄날의 아지랑이 아른아른 나를 부르고
대지는 나로 하여금 文章을 짓게 하는데
桃李花 향기로운, 봄 정원에 모여,
형제들 友愛의 즐거움을 서술하니

뛰어난 뭇 아우님 모두 謝惠連인데
나의 시문만이 홀로 康樂公(谢灵运)에 부끄럽도다
그윽한 감흥은 그치지 않고
고상한 담론은 더욱더 맑다
꽃밭에 앉아서 雅會를 열고
月色에 취하여 술잔을 드니
멋스러운 시문이 없다면
어찌 高雅한 정서를 펼치리오
詩를 짓지 못하면
金谷벌주에 따라 술을 마셔야 하리라
*
坐花醉月 : 꽃밭에 앉아서 달빛에 취하다.
金谷酒數 : 술자리에서 받는 벌주. 罰酒三杯.

4. 정월대보름날이 되면 관한 생각나는 두 편의 명시가 있습니다.
1) 歐陽脩의 시 《生査子·元夕》입니다.
작년 정월대보름날 밤,
거리는 곳곳 꽃등으로 대낮처럼 밝았고,
보름달은 버들 가지 끝에 걸렸는데
우리는 황혼 후에 만났습니다.
금년 정월대보름날 밤,

보름달과 꽃등은 예전과 변함없이 밝은데,
작년의 그 사람은 보이지 않고
봄 소맷자락만 내 눈물로 젖었습니다.
* 일설에는 주숙진朱淑真이 지었다는 이야기도 있습니다.
2) 두 번째는 宋나라의 辛弃疾이 지었다는 《青玉案·元夕》입니다.
동풍 부는 밤, 불꽃이 온갖 꽃 흩날리듯이
피어올라 퍼졌다가,
또 하늘에 별처럼 빼곡히 빛나는 불꽃이
비 오듯 떨어지네.
호화로운 마차 다니는 거리는 향기로 가득 차고
鳳簫 소리 은은히 울려 퍼지고
휘영청 밝은 달 서서히 기울고,
밤새도록 鱼龙灯 날리며 시끌벅적하도다.
여인들 머리에 화려한
장식물 꽂고,
웃으며 사뿐사뿐
향기 날리며 지나는데,
사람들 틈에 그녀를 애타게 찾다가
불현듯 고개 돌려 보니 뜻밖에
희미한 등불 아래 있었네.

5. 李淸照가 지은 "무릉춘· 춘만 (武陵春·春晚)"도 봄에 생각나는 시입니다.
바람이 그치니 꽃 향을 남긴 채 꽃은 이미 지고
해는 중천에 있어도 화장하고 싶은 마음 없네
경치는 그대론데 사람은 같지 않고 지난 일 흘러가니
옛일 말하고자 하기도 전에 먼저 눈물이 앞을 가리네

双溪의 봄날, 아직도 좋다는데
쪽배를 띄우려 하면, 어떨는지
다만 두려운 것은, 배가 작아서
许多한 시름 실을 수 없는 것을
*
物是人非(出自三国·魏·曹丕《与朝歌令吴质书》)
物是人非事事休(李清照) : 산천은 그대론데 사람은 변해있고 만사는 지나간다.
나도 흥이 나서 "봄끝에"를 운으로 직접 다행시를 하나 써 봅니다.
봄날은 지나간 시간이 아니다
끝까지 나를 맴도는 향기이다
에워싸며 百花가 봐달라 하네

6. 王維가 지은 "山居秋暝 (산촌 가을날 저녁에)"도 내 마음을 끄는 시입니다.
조용한 산촌, 비 그쳐 깨끗하니
가을빛 뚜렷하도다
밝은 달은 소나무 사이로 빛나고
새맑은 샘물, 바위 위로 흘러간다
대숲 속 시끌벅적은 빨래 나온 아가씨들의 귀가 소리요
연꽃 잎의 흔들림은 어부의 고깃배 지나감이다
때 되니 봄 향기 사라져도
조용함을 좋아하는 이 몸은
머물 만하네

7. 달밤이 되면 张若虛의 "春江花月夜 (봄강의 달밤이 아름답네)"이 떠오릅니다. 동양의 고전의 시들은 그 때의 상황을 노래한 것이지만 몇 백 년이 지난 오늘에도 감동으로 다가오는 것을 느낄 수 있습니다.

봄 강의 조수는 바다와 이어지고
해상에 명월과 조수는 함께 있네
넘실대며 반짝이는 물결, 천만리
어딘들 봄 강에 밝은 달이 없으리
강물은 구불구불 전원을 휘돌고
달빛이 꽃밭을 비추니 눈꽃 핀 듯
허공의 달빛이 하얗게 쏟아지니
강가의 백사는 보이지 아니하네
강과 하늘은 온통 하얗고
달빛은 공중에 홀로 밝다
江邊의 누가 처음 달을 보았을까?
江月은 누굴 언제 처음 비췄을까?
人生은 대대로 끊이질 않고
江月은 해마다 보아도 밝네
강 위의 달이, 누굴 기다리는지 모르나

단, 장강의 물결이 흘러내려감을 본다

나그네, 흰 조각구름처럼 유유히 떠나가고
靑枫浦서 이별하는 여인은 시름에 잠겼네
어느 집의 나그네가 오늘밤 扁舟 타고 표류하는가?
어디서, 여인이 明月이 비치는 누대에서 그리는가?
누대의 여인이 가련한 지 달은 배회하며
마땅히 화장대 가까이 그 여인을 비추네
화려한 누각 문발 사이로 비친 달빛은
다듬이돌 위에서 계속 쭉 비추고 있네

이 시각 서로 달을 볼 뿐 듣지를 못하니
달빛 따라 움직이며 그대를 비추었으면
鸿雁은 멀리 날아도, 달을 넘을 수 없고
鱼龙은 잠겼다 뛰었다 파문만 일으키네

어제 밤 꿈에 고요한 못에 낙엽이 지는데
가련타! 봄의 반이 지나도 집에 못 가도다
江水는 곧 봄과 함께 흘려가려 하고
江月은 또 물에 비쳐 서쪽으로 지네

서쪽 지는 달, 바다 물안개로 사라지고
갈석산과 소상강, 서로 아득히 멀어라!
달 밝은 때, 몇 사람이나 고향에 돌아갈까
지는 달 그리운 情이 江树에 가득히 찼네

● 여름(夏天)

1. 여름에는 承德 避暑山庄의 연암 박지원이 생각납니다.

避暑山庄(피서산장, 열하, 승덕)은 연암 박지원이 18세기말 건륭제 칠순잔치에 북경에 갔더니 건륭은 열하에 있다 하여 북경에서 열하로 다시 이동한 곳입니다. 그 때 얼마나 고생하였던지 一夜九渡河记(하룻밤에 물을 아홉 번 건너다)를 남겼습니다. 이 글을 후인들은 연암의 "깊은 깨달음"을 느낄 수 있는 명문 운운 하는데, 한편 일리가 있으면서 한편으로는 웃기는 이야기입니다.

하룻밤에 9번 강을 건넜으니 요즘 말로 하자면 뻥이 치는 일입니다. 겨우겨우 생고생하면서 생일 축하하려고 일국의 사신들이 북경에 갔더니 정작 건륭

그 위인은 避暑하려고 避暑山庄(여름 궁전)으로 갔던 것입니다.
미리 알려라도 주었으면 산해관 아래 진황도에서 바로 열하로 갔을텐데 말입니다. 망할 넘의 오랑캐 못된 놈들!
避暑山庄은 말하자면 청나라 오랑캐들의 여름 궁전인 셈입니다. 마치 러시아의 상트페테르부르크에 여름 궁전이 있었듯이 말입니다.
유목민족이자 반농반목인 마상민족들은 계절에 민감하여 여름에는 추운 곳으로 이동하고 겨울에는 따스한 곳으로 이동합니다. 그래서 유목민족들이 나라를 세우면 수도가 여러 개가 되는 것이기도 하고 다양한 민족들이 나라의 소속이 되다 보니 어느 한 곳에 머물며 생활할 수가 없는 이유이기도 합니다.
유목국가의 특색은 회유와 설득입니다. 부족간의 회유가 이루어지지 못하면 어느 한쪽은 죽든지 떠나든지 해야 하는 것입니다. 유목민족에게 정해진 영토의 개념이 없습니다. 그들의 이동지가 바로 곧 고향인 것입니다. 이동지가 고향인 그들에게 이동지를 제한케 하거나 한곳에만 머물게 하는 것은 바로 그들에게 죽음을 의미하는 것이었습니다. 유목인들은 이동하면 할수록 더 강해진다. 정착하는 농경민에게 땅을 떠나는 것은 죽음이고 슬픔이고 설음이지만 유목민에게는 삶이고 기쁨이고 설레임입니다.
농경민들의 고정된 관념은 때로는 괴롭습니다. 소유에서 자유롭지 못하는 영혼들이기 때문입니다. 반면에 유목민들의 개념은 이동의 관념을 가진 공유의 영혼들입니다. 내가 떠나면 떠난 지역은 어느새 또 다른 영혼들이 살고 있는 것입니다. 즉 윤회함으로써 서로가 서로에게 신뢰를 가지는 것입니다. 이때 소유에 집착하는 영혼이 나타나면 그 관계는 깨어질 것입니다.

* 만주원류고를 읽을 때에는 청나라 사람들의 유연성에 유의할 필요가 있습니다. 유교적인 사고로 그들의 역사를 이해하려고 하면 문제가 생깁니다. 임진왜란, 병자호란 등 우리에게 엄청난 고통과 시련을 안겨준 전란은 모두 유연성이 상실된 협상 때문에 발생한 것입니다.

고려 서희를 보면 유연성 그리고 그 유연함 속에 감춰진 당당함 이런 것들이 바로 우리의 자세였습니다. 우리나라의 역사도 실은 조선초기 1500년 이전까지만 해도 고구려의 후예로서 마상민족의 성격이 강했습니다. 이랬던 우리가, 이런 우리 본래의 DNA를 잃어버렸을 때, 부화뇌동하며 남에게 비굴하게 구는 행태를 체화하며 하루하루를 살고 있는지도 모릅니다. 한번 잘 생각해 보십시오. 그대의 가슴 속에는 과연 어떤 피가 흐르고 있는 가를...

2. 여름을 맞이하니 시심이 일어 시를 짓게 됩니다. 우선 "우중연지(雨中蓮池)"로 다행시를 하나 씁니다.
雨中에 님 떠난 迺立堂
中央 탁자 위엔 빈 찻잔
蓮池一鶴 내 마음인 듯,
池魚도 본체만체 하늘만
행시는 아니지만 자유시도 하나 적습니다.

<입맞춤 단상>

기억합니다.
입맞춤이 이리 그윽하고
향기롭고 부드럽고
아득하며 담백할 줄이야
전에는 잘 몰랐습니다.

3. 여름이 되면 생각이 나는 사람이 하나 있습니다. 상념에 젖어 글을 하나 써 봅니다.

<小爱(작은 사랑)>

언젠가부터 그 계집아이를
"小爱(작은 사랑)" 이라 불렀다.

처음 만났을 때,
20살 그리고 대학 1년생이라 했고
소주 목독이 고향이라 했다.

물안개 피어나는 수향의 아침처럼
그윽하고 너그러우면서도 빛난 모습이었다

무엇보다도 30살 더 많은 나를
좋은 친구나 남자 친구 대하듯이
그녀의 많은 친구들 속에서도 거침없이
아름다운 음률의 중국어로 불렀다.

하늘 위에서 들려오는 천상의 노래 같았고
그녀는 저 하늘 구름 속 天仙 같았다.

무엇보다도 총명하여
무엇을 말하고 왜 그러는지
금방 알아차리고 미리 안배하니
더 없이 기쁘고 사랑스러웠다.

그녀를 안 지 1년이 지난
그 아이가 대학 2년생 되던 여름날
목독의 화원을 같이 구경하고

노을이 깔리기 시작하는 수로 위
조그만 배 안에서 그녀에게
"我喜欢你"라고 고백해 버렸다.

내 손에는 땀이 났고 가슴은
마치 소년처럼 쿵쿵 뛰었지만
한편으로는 체기가 내린 듯
홀가분하고 시원한 느낌이 들었다.

그 아이는 투명하면서 맑은
눈을 유지한 채 눈망울을 깜박거리며
나즈막하고 조그만 목소리로
"可以了吧"하는 것 아닌가.

그때, 물안개가 망망하고 배 위도
자욱해지며 붉어진 얼굴을 가리자
노을보다 고운 눈썹에 입술을 가져가고
다시 그녀의 연분홍빛 입술이 보였다

선착장 배에서 내려 석양에 물드는
노을을 마주 보고 저녁 산들 바람을 느끼며
그 아이의 목독 집으로 걸어가면서
팔짱을 끼던 우윳빛 손,
하얗고 빛나는 길고 고운 손을 뻗어
내 뺨을 만지고 내 귀에 입을 가져와선
속삭이듯이 그러나 분명하고 맑게

앞으로 자기를 "小爱"라고 부르라 했다.

어리다 하여 함부로 대하지 않았고
어리지만 기품이 있어 짧게 뭐라 말해도
꼭 들어야만 할 것 같은 의무감을 느껴서
때로는 인자하고 엄한 할머니가 속에
또아리를 틀고 앉아 있는 듯하였다.

그날 이후부터 나는 그녀의 이름 "程(儿)"을
둘이 있을 적이나 그 아이의 친구들이
없을 때에는 "小爱"라고 부르기 시작했다.

4. 여름이 되면 韋應物이 쓴 "유거(幽居)"라는 시가 떠올라 그 내용을 한글로 풀어서 써봅니다.

신분은 비록 귀천이 있지만
문 밖을 나서면 모두 할 일이 있지.
홀로 名利에 빠지지 않고
幽居의 맛 마침내 알 듯하다.
보슬보슬 밤비 속
봄 풀 얼마나 자랐을까?
어느새 靑山은 밝아오고
새들은 집을 빙~ 둘러 우지지네.
때로 道士와 벗하기도 하고
혹은 나무꾼과 같이 다니기도 하면서
스스로 우매하고 보잘것없이 여기나니
누가 말했나! 박세인이 부귀영화만 좇는다고.

- 薄世人 : 우매하고 보잘것없는 세상 사람

5. 여름 하면 떠오르는 것 중 하나가 성산계류탁열도(星山溪柳濯熱圖)라는 그림입니다.

濯熱이란 피서모임 즉 여름나기입니다. 星山溪柳濯熱圖 -이 그림은 서하당(棲霞堂) 김성원(金成遠)의 9세손 김홍헌(金洪獻)이 1876년 편집하여 목활자본(木活字本)으로 간행한 '서하당유고(棲霞堂遺稿)'와 이를 부록으로 넣은 '송강전집(松江全集)'(성균관대학교 대동문화연구원, 1964)을 통해 알 수 있었지만, 그림의 원본이 소개되는 것은 처음으로 오늘 6월 22일(목) 진행되는 칸옥션 제3회 경매에 출품되었습니다.

星山溪柳는 환벽당(環碧堂)과 식영정(息影亭) 사이의 溪柳(계곡 버들)로, 1590년 음력 6월 복날, 전남 담양 주변의 星山溪柳에서 모여 더위를 씻으며 시회를 즐기는 풍경을 담은 피서모임을 그림으로 남기고, 앞에 제현명록(諸賢名錄)과 뒤에 雪月堂 金富倫과 奇傲軒 吳澐의 시를 써놓은 작품입니다.

* 참석인원 11명, 80세 이상 3분
*
抽身薄領擺塵緣 要洗炎蒸六月天
少八長沙會時宰 多三杜曲飮中仙
淸川抱石搖朱檻 密草連松蔭彩筵
却怕闌珊成一夢 終敎勝事付龍眠 (雪月堂)

공무로 바쁜 데서 틈 내어 세상 인연 털어내고,
찌는 듯한 유월 더위 씻어 내야지.

젊은이 여덟은 장사 모임 때 수령들이고,
늙은이 셋은 두곡 땅 술 마시는 신선들이네.
맑은 시내 바위를 돌아 붉은 난간에서 흔들리고,
빽빽한 풀 솔숲은 이어져 술자리 그늘지네.
문득 흥취 식으면 꿈이 될까 두려우니,
이 좋은 일을 용면에게 그리게 했네. (설월당)

抽身(추신) : 바쁜 가운데에서 몸을 뺌
塵緣(진연) : 이 세상(世上)과의 연분
炎蒸(염증) : 찌는 듯한 더위
朱檻(주함) : 붉은 난간
彩筵(채연) : 아름다운 술자리

김복억(1542~1600, 창평 현령), 김부륜(1531~1598, 동복 현감), 최경회(1532~1593, 담양 부사), 오운(1540~1617, 광주 목사), 양자정(1527~1597?), 김성원(1525~1597, 현감), 정암수(1534~?, 진사), 정대휴, 김사로, 김영휘, 임회(1562~1624, 좌윤) 등.
星山溪柳濯熱圖를 보고 휘시향의 김기수가 그 운으로 행시를 하나 썼습니다.

성균관대 대동문화연구원에서 찾은
산속 시회를 즐기는 풍경을 담은 그림
계곡 물에서 시를 쓰고 피서를 하는
류명한 그림으로 칸 옥션 경매에 출품
탁한 공기와 더위를 시원히 씻어내려
열 한 명이 모여 숲 속 술자리 만들었고
도저히 그냥 넘어갈 수 없어 그림 남겨

6. 여름에서 가을로 넘어가는 시기에는 陆游가 "晨至湖上(새벽에 연못에 이르러)"라는 제목으로 쓴 시 두수가 떠오릅니다. 유유자적한 옛 고전의 멋을 품고 있어서, 읽기 쉽게 한글로 바꾸어 봅니다.

其一:
剑南 땅은 무더위 없어, 긴 여름에도 사람에게 쾌적하고
새들 계속 종일 지저귀고, 여름에도 봄인 양 꽃 그윽하다
연꽃향기 绿酒에 떠다니고, 등나무이슬 乌巾에 떨어지니
天涯라 생각하지 않으리라, 몸은 유유자적 꿈속을 노니네
*

翛然:
- xiāo rán 소연 形容 形容无拘无束、自由自在的样子。
- shū rán 숙연 形容 迅疾貌(아주 빠른 상태)。

其二:
옛 원림 가을 되니 좋고, 몸은 한가롭고 게으르니 편안하도다
텅빈 堂의 넓직함을 즐기고, 다층 楼阁 들쑥날쑥함 바라본다
대나무 흰 서리에는 새경지가 있고, 松风은 옛멋을 품고 있다
받는 녹봉에 부끄러워 머뭇거리니, 일한 公务 诗作보다 적다
*

竹粉:
指竹子表面的白霜或绒毛,常用来比喻新生竹节的自然纹理
*

《晨至湖上二首》是南宋诗人陆游创作的五言律诗组，包含两首独立成篇的诗歌。其一写于淳熙元年(1174年)
六月，通过莲香、藤露等意象展现夏日湖畔的闲适心境；其二描绘秋日园林景

致与仕途感慨，末句"官事少于诗"直抒诗人对政务疏离而寄情翰墨的心境。该组诗在清代科举中被用作试帖诗题目，其诗句"松风含古姿"成为光绪八年顺天乡试命题素材。诗中"竹粉""松风"等意象体现了宋代文人对自然景物的审美取向。

● 가을(秋天)

1. 가을에 들어서니, 28살의 가을 어느 날에 우울이 산처럼 쌓여져 갑자기 이승을 마감한 唐琬을 생각합니다. 남편 陸游는 아내인 唐琬의 재능을 사랑하고 아꼈으나, 그 때는 여성의 재능과 지혜가 바로 형벌이었던 시대이니 참으로 안타깝습니다.

*

不料唐琬的才华横溢与陆游的亲密感情，引起了陆母的不满，后陆母认为唐琬把儿子的前程耽误殆尽，遂命陆游休了唐琬。
뜻밖에 재능이 출중한 당완과 육유의 친밀한 감정이 육유 어머니의 불만을 야기하여 후에 육유의 어머니는 당완이 아들의 앞날을 그르쳐 진을
뺄 것이라고 여겨서 마침내 육유에게 아내인 당완을 내쫓을 것을 명령합니다..

陆母认为自己的侄女唐琬就是狐狸精。
才藻非女子事：
글 짓는 재주는 여자의 일이 아니다.
*

由于陆母的极力拆散，陆游终归抵不过父母之命，最终依依惜别。
육유는 어머니의 적극적인 혼인 방해로,
육유는 마침내 부모의 명을 거역할 수 없어 결국 안타깝게 헤어지게 됩니다.
沈园有着陆游和唐婉(唐琬)的故事.

당시에 두 사람이 썼던 시를 알기 쉽게 한글로 번역해서 표현하면 다음과 같습니다.
一.
釵頭鳳·紅酥手
陸游

고운 손 받쳐든 술 잔 속 향긋한 美酒,
봄빛 성 안에 완연한데, 궁담 속 버들 보이지 않네.
동풍이 거세지니 연정도 엷어져라.
술 잔엔 美酒 대신 우울한 심사가 담긴 듯,
몇 년 동안 홀로 얼마나 적막하게 지냈던가.
내 탓이요, 내 탓이요, 내 탓이로다!

봄날은 여전한데 사람만 헛되이 여위었어라,
연지 스며 붉은 눈물 얇은 비단 손수건 물들이네.
늦봄의 桃花 떨어지고 연못의 누각 고요하다.
영원히 사랑하자던 굳센 盟誓,
아직 있지만 비단 편지 어찌 전하랴.
끝났도다, 끝났도다, 끝났음이라!
二.
釵頭鳳·世情薄
唐琬

세상 인심 늘 변하고 인정은 매몰차라,
저녁 무렵 비 내리니 꽃은 하나 둘 떨어지네.
새벽 바람 불어와 지난 밤 눈물자국 씻어주다.

心事를 적어내려 하나 할 수 없어,
栏杆에 기대어 혼잣말로 얘기하네.
어렵도다, 어렵도다, 참 어렵도다!
사람마다 처지가 다르고
오늘은 어제와 다르지요,
병든 마음 이미 그네 줄 같아라.
号角 소리에 눈은 말똥말똥 밤은 깊어가도다.
사람이 찾아와 물을까 두려워
눈물 삼키고 기쁜 척하네.
속였도다, 속였도다, 속이었도다!
 *
1151年, 礼部会试失利后陆游到沈园去游玩, 偶然遇见了唐琬, 两个人都非常难过。陆游(1125—1210)感伤地在墙上题了一首《钗头凤·红酥手 붉고 고운 손》词。
1156年, 唐琬(1128~1156)再次来到沈园瞥见陆游的题词, 不由感慨万千, 于是和了一阕《钗头凤·世情薄 세상 인심 무상하다》。
随后不久同年秋, 便抑郁而终。
 *
不由感慨万千 : 저절로 감개가 무량하다.

2. 가을에 생각나는 천하의 명구는 "白露横江 水光接天"입니다.
아침 언덕에서 바라보이는 물안개(水雾)는 강 위에서 피어올라 하얗게 떠있고, 그 때의 물빛은 하얗고 때로는 하늘도 하얄 것입니다.
苏轼은 가을 음력 7월16일, 달이 동산 위로 나타났을 때, 쪽배를 띄웠으니 그날의 달은 가장 휘영청 明月이리라. 밤안개가 휘영청 명월에 빛나면 마치 스포츠라이트를 받듯이 강물 위의 밤안개도, 마치 물위에 흰 이슬 핀 듯이 하얗게 피어올라 강 위에 가득 찼을 것입니다.

그리고 휘영청 명월에 비친 검은 하늘도 검은 강이 하얗듯이 하늘빛도 하얗게 보였으리라. 일체의 안개 운운을 버리고 明月과 어울리는 白露로 수평선을 연상하는 강물에 가득함을 橫江으로, 橫江의 橫은 그 뒤에 縱을 연상시키는 水光接天의 接天과 아주 어울리지 않는가요.

水光도 기가 막힙니다. 물빛인데 휘영청 달빛에 어울리는 물빛 바로 水光입니다. 그 시원하고 욕심 없는 빛나는 물빛이 바로 하늘의 빛 아니던가요. 휘영청 달빛이 빛나는 하늘빛, 그 빛과 이어져 있는 것입니다.

다시 감상합시다 白露橫江 水光接天。
*
白露橫江, 水光接天。
백로횡강 수광접천.
강 위로 가을 기운(새하얀 물안개)은 가득 차고 물빛은 하늘과 이어졌다.

* 해를 달로 환치하시고 감상

3. 그리고 또 하나 멋진 가을 시는 崔顥가 쓴 "황학루"입니다. 한문으로 되어있던 정서를 그대로 한글 시에 담아보려고 노력해 보았습니다.

<黃鶴楼>

옛 仙人 황학 타고 날아 가니
이곳은 텅 빈 黃鶴楼만 남았고
황학은 한번 가곤 다시 돌아오지 않아
白云만 오랜 세월 무심히 흘러간다.

汉阳树 뚜렷이 비친 晴川 참으로 맑고
강 속의 鹦鹉洲에는 芳草 무성하다.
날 저무니 고향은 어디인고?
강에 핀 물안개 향수만 짙게 하네

* 空余 :
ㄱ.남아돌다   ㄴ.남아서 비어 있다
* 千載 1.천 년. 2.장구(長久)한 세월. 千載一遇.
* 晴川은 "맑은 시내"가 아니라 阁의 이름 즉
晴川阁(은 黃鶴楼、古琴台와 함께 武汉의 三大名胜.)이라고 하는데 그러나 또
한 晴川은 晴川阁 앞에 흐르는 강물 또는 晴川이라는 글자 그대로 맑은 (시냇)물
일 수도 있으리라.

* 鹦鹉洲 : 在湖北省武昌县西南
4. 가을 시 중에서 杜甫의 "백제성루(白帝城楼)"는 그냥 지나갈 수가 없지요. 한
문이 가지는 독특한 운치와는 약간 다르겠지만, 그대로의 정서를 담아보려고 애
를 많이 써 보았습니다.

<白帝城楼>

강은 적막히 서있는 樓閣 앞을 흐르고
성은 변방의 망루처럼 높이 솟아 있다.
푸른 절벽은 저녁 노을에 마주할 만하고
맑고 투명한 계곡물은 깊이 수영할 만하다.
기러기는 조급히 울어 예고
갈매기는 사뿐히 날아 내려 앉지 못하네

이릉에도 봄빛이 다시 오면
점차 쪽배들도 많이 놓여있으리.
* 游가 "수영하다"라는 뜻으로 번역해 봅니다.
寒山의 寒과 绝塞의 塞도 구분하지 못하면서 작품이라고 올리니 담이 크고 뻔뻔합니다.

* "寒山, 空山" 이런 용어는 두목이
山行에서 한산을 "늦가을 산"으로 표현했고, 공산은 왕유가 山居秋暝에서 "조용한 산촌" 즉 깊어진 가을날의 산촌 풍정으로 표현했으므로, 寒山阁은 사진처럼 늦가을의 백제성의 어느, 을씨년스런 강을 바라보고 있는 성의 누각을 한산각이라 지칭 했을 것입니다.

5. 가을을 나타내는 동양의 명시 중에서 당대 시인 刘禹锡의 연작시 "추사이수(秋词二首)"를 빼놓을 수 없습니다.

《秋词二首》는 당대 시인 刘禹锡의 연작시이고 두수(两首)의 诗의 가치는 정말 귀중합니다. 시인 刘禹锡의 가을날과 가을빛에 대한 느낌은 여러 시인들과는 다르기 때문입니다. 과거 여러 문인들의 가을에 대한 비통의 정서 전통에 반하여 刘禹锡은 "가을날이 아름답다"라고 찬송하고 黃鹤을 빌어 直冲云霄(직충운소: 높은 하늘로 힘차게 날아오르다)듯이 묘사하고 더욱 분발하는 호기와 豁达乐观(활달낙관: 생각이 넓고 낙관적이다)하는 정서를 표현했습니다.

其一 :
예부터 가을을 맞아 비통하고 적료하다 했지만,
내겐 가을빛이 산뜻한 봄날 보다 아름답다
푸른 하늘 높이 仙鹤을 타고 구름 속 헤쳐 날으니

또한 나의 诗情도 높은 하늘 너머 빛나네
* 勝 (경치 등이) 아름답다. 미려하다. 훌륭하다
便bian4은 곧, 즉시
其二 :
가을 되어, 山水는 깨끗하고 한밤엔 서리도 끼며
또 연노랑빛 나뭇잎은 깊이 붉게 물들어 빛난다
사방을 보려 高楼에 올라 가을을 온몸으로 느끼니
어찌 사람을 들뜨게 하는 봄빛과 같으리오
(특별히 소수의 사람만이 가을의 흥취를 느낀다)
* 试 살피다.
- 数 약간의. 하여 数树는 몇몇 나무

6. 가을 달빛에 흥을 느껴 내가 직접 "남해유자"를 운으로 4행시를 하나 씁니다.

남들은 밝은 달빛 아래
해가 져도 함께 웃는데
유독 홀로 나그네 되어
自酌하며 秋霜 느끼네
* 秋霜 : 가을날 찬 서리
그리고 "가을에"를 주제로 자작시도 하나 직접 써봅니다. 가을은 그리움의 계절입니다. 그리워지는 그대를 노래합니다.

<가을에>
봄, 여름 지나 가을 되니
그대가 그립습니다.
꽃보다 빛나는 단풍 피어나고

하늘도 푸르게 더 푸르게 물들고
저 멀리 한 줄기 구름, 흘러 떠가면
그대가 그립습니다.
바람 불어 단풍 떨어지고
쌓여져 푸근한 꽃단풍 밟고 걷노라면
그대가 더욱 그립습니다.
벗이란 孤独을 공유하고
孤独을 함께 나누는 것이라 했지요

7. 가을이 되니 친구 김유가 생각이 납니다. 몸도 불편한데 잘 지내고 있는지 궁금하기도 합니다. 김유가 직접 "강약 농담의 조화가 필요"를 운으로 쓴 시가 생각이 납니다.

강물 파랗고
약 술은 익어간다.
농어 살찌는 가을이 오면
담장 옆 파초 그늘에 서서
의로운 친구들을 맞이하고
조그만 동산에 같이 올라
화려한 술상보다는
가없는 눈길을 주고 받으며
필요한 부산함도 맘껏 펼치고
요란한 정이라도 같이 하리라

- 다행시 "강약농담의 조화가 필요"

8. 동양권 고전 중에서는 가을의 글이라고 하면 歐陽脩의 "추성부(秋声赋)"가 잘 알려져 있습니다. 원문에 이어 알기 쉽게 한글로 해석해서 실어봅니다.

秋声赋

欧阳子方夜读书，闻有声自西南来者，悚然而听之，曰：异哉！初淅沥以萧飒，忽奔腾而砰湃；如波涛夜惊，风雨骤至。其触于物也，鏦鏦铮铮，金铁皆鸣；又如赴敌之兵，衔枚疾走，不闻号令，但闻人马之行声。余谓童子："此何声也？汝出视之。"童子曰："星月皎洁，明河在天，四无人声，声在树间。"予曰："噫嘻，悲哉！此秋声也。胡为而来哉？"

歐陽先生은 밤에 독서를 하면서, 서남쪽에서 전해오는 소리를 듣고는, 놀라서 귀를 기울이며, 이르기를 :

이상하도다! 처음에는 우수수하면서 바람소리 서늘하다가, 홀연히 휙휙~ 나는 듯이 뛰어오르며 부딪치는데 ; 마치 파도가 밤중에 넘치고, 비바람이 갑자기 몰아치는 듯하였다.

그것이 물체와 접촉하니, 쨍그랑거리며, 쇠붙이가 서로 울리는 것이 ; 또 마치 적에게 다가가는 병사가, 즉 군사들이 재갈(枚)을 물고 질주하는데, 호령은 들리지 않고, 다만 사람과 말이 전진하는 소리를 듣는 듯하였다.

내가 童子(어린 남자 종)에게 이르기를 : "이것이 무슨 소리인가? 네가 나가서 살펴 보거라."라 하니,

童子가 아뢰기를 : "별과 달이 밝고 맑고, 빛나는 은하수는 하늘에 있는데, 사방엔 사람 소리 없고, 소리는 나무 사이에서 납니다."라고 하였다.

歐陽先生 이르기를 : "아~ 슬프도다! 이것은 가을의 소리이다. 어떻게 왔는가?"

"盖夫秋之为状也，其色惨淡，烟霏云敛；其容清明，天高日晶；其气栗冽，砭人肌骨；其意萧条，山川寂寥。故其为声也，凄凄切切，呼号愤发。丰草绿缛而争茂，佳木葱茏而可悦。草拂之而色变，木遭之而叶脱。其所以摧败零落者，乃其一气之余烈。夫秋，刑官也，于时为阴；又兵象也，于行用金。

是谓天地之义气，常以肃杀而为心。天之于物，春生秋实，故其在乐也，商声主西方之音，夷则为七月之律。商，伤也，物既老而悲伤；夷，戮也，物过盛而当杀。"

"대저 가을의 형상은, 그 빛(色)이 惨淡(어둠침침)하여, 마치 안개가 자욱한 듯하며 ; 그 모습(容)은 淸明하여, 하늘은 높고 햇빛이 눈부시며 ; 그 기운(氣)은 서늘하여 사람의 피부와 뼛속에 스며들며 ; 그 의미(意)는 쓸쓸하여, 산천이 적막하다. 그런고로 가을의 소리는, 처량하고 애절하며, 울부짖듯 떨쳐 일어난다. 우거진 풀은 초록으로 물들면서 무성함을 다투고, 쭉 뻗은 나무는 울창하여 기쁨을 준다. 풀에 가을바람이 스치면 색이 변하고, 나무는 가을바람을 만나면 잎이 떨어진다. 가을에 여름기운 꺾이고 零落(시들어 떨어짐)하게 하는 것은, 바로 가을 한 기운(一氣)이 남긴 흔적이다.

대체로 가을은 刑部官吏이고, 時節에 있어서는 음(陰)이라 ; 또 전쟁의 상징이며, 五行에 있어서는 금(金)을 쓴다. 가을은 천지(天地)의 의기(義氣)라고 하며 항상 매서움을 가지고서 마음으로 삼는다. 하늘은 만물에 대하여, 봄에는 낳아 주고 가을에는 열매 맺게 하며, 예로부터 본래 가을은 음악에 있어, 상성(商聲)으로 서쪽의 음악을 주관하고, 이칙(夷則)으로 7월의 음률이 된다.

상(商)은 상심함이니, 만물이 늙어지면 슬프고 상심하는 것이며 ;
이(夷)는 죽이는 것이니 만물이 성할 때를 지나면 죽어지는 것이다."

"嗟夫！草木无情，有时飘零。人为动物，惟物之灵。百忧感其心，万事劳其形，有动于中，必摇其精。而况思其力之所不及，忧其智之所不能，宜其渥然丹者为槁木，黟然黑者为星星。奈何以非金石之质，欲与草木而争荣？念谁为之戕贼，亦何恨乎秋声！"

"아~! 초목은 無情하고, 언젠가는 우수수 쇠락한다. 사람은 동물이면서, 유일하게 만물 중 靈魂이 있다. 온갖 근심에 그 마음이 감응하게 되고, 온갖 일들은 그 육신을 수고롭게 하니, 마음 중심을 못 잡으면, 반드시 그 감정도 흔들린다.

하물며 마음의 능력이 미치지 못하는 것을 생각하고, 하물며 마음의 지혜가 도달하지 못한 것을 근심함에 있어서랴.
마땅히 윤기 있고 붉던 얼굴은 槁木이 되고,
흑단 같은 검은 머리는 희끗희끗 세리라.
어찌하여 금석 아닌 자질로 無情한 초목과 영예 다투려는가?
생각건대 누군가 인생을 해쳤는데, 어찌 가을 소리를 恨하나!"
童子莫对, 垂头而睡。但闻四壁虫声唧唧, 如助余之叹息。
童子(어린 남자 종)는 대답 없이 고개 숙이고 끄떡 졸고있다.
다만 사방 벌레 우는 소리만 들리며 내 탄식에 호응할 뿐이다. # 추성부(秋声赋, 歐陽脩)

● **겨울(冬天)**

1. 겨울에 자유시를 한 수 적습니다. 동양에서는 원래 예부터 짧은 시에 여러 가지 뜻을 가지는 글들과 함축되어 간단한 글로 뜻을 전할 수 있는 글들을 좋은 시라고 했지요. 낙엽은 나무의 가을이고, 노년은 인생의 가을이지요. 나도 이 짧은 시에서 낙엽과 찬 비와 겨울이라는 단어를 통해 짧은 두 줄에 인생을 담아봅니다.

낙엽 쌓인 숲에 찬 비 내리니
추운 겨울, 다가옴을 알겠네.

그러나 아무래도 작가의 뜻을 잘 설명하기 위해서는 긴 문장이 필요하게 됩니다, 제목도 적당히 붙여져야 하겠지요. 조금 긴 자유시를 하나 씁니다.

<겨울 나무>

생명력 충만한 봄, 설레고 빛나는 낭만의 여름과 달리
겨울 나무는 평온과 고요 속에서도 만면에, 온갖 풍상을 굳세게 견디며, 새기나니..
나무의 나이테가 우리에게 알려주는 한가지 사실은,
나무는 겨울에도 자라고 있다는 것입니다..
사람을 놀라게 하는 것은 겨울에 성장한 부분이,
여름에 성장한 부분보다 훨씬 단단하다는 것입니다..
햇빛을 흡수할 하나의 잎조차 없을지라도,
얼어 붙은 대지 위에서 발뒤꿈치를 들 수 있고;
모진 겨울철 찬 바람과 서릿발 속에서도,
나무는 팔뚝에 가슴에 그리고 내년의 봄에 영양을 공급하고 있습니다.

2. 겨울을 뚫고 나오는 매화는 늘 멋진 주제입니다. 매화로 한 수 지어봅니다.

<매화나무 한 그루>
남녘 벗님 보내온 매화樹 한 그루
겨울 추위 쌀쌀해도 핀 꽃 고와라
매화꽃 곱게 피어도, 벗님 없으니
그윽한 梅花香에 생긋 미소질 뿐

동양의 고전에 친구를 대하기를 마치 매화 찾아 눈을 밟고 가듯이 하라는 말이 있습니다. 원문은 다음과 같습니다.

<踏雪尋梅>
某人
數九寒天雪花飄, 大雪紛飛似鵝毛
浩然不辭風霜苦, 踏雪尋梅樂逍遙

짧은 글이지만 이 글을 원작자의 의도를 살려 한글 시로 바꾸어 봅니다.

매서운 추위에 눈꽃이 날리는데,
큰 눈꽃이 거위 털 같이 마구 흩날리네.
浩然은 風霜의 고초도 마다 않고,
梅花 찾아 기쁘게 눈길을 밟으며 걷는다.
*
이런 시를 打油诗 라고 하는데, 평측(平仄)과 운(韻)에 구애받지 않는 통속적인 해학시입니다.
[당대(唐代) 장타유(張打油)의 시에서 유래합니다]
*
踏雪尋梅, 저 詩는 孟浩然이 쓴 詩가 아니고 어떤 이(有人)가 孟浩然에게 써 준 詩라 하니,
那詩 속 浩然은 과연 孟浩然입니다. (难怪孟浩然会骑着驴子, 在风雪中寻梅, 有人还给他写了打油诗)
*
왜 우리나라에서는 孟浩然이 지은 詩로 알려진 것인지 모르겠습니다.

3. 겨울을 이기고 나오는 것은 봄입니다. 겨울이 아무리 추워도 그 겨울을 뚫고 나와서 "봄은 꽃 산 이미 하나"일 때 우리 휘문 67회 박종훈 동기가 지은 "봄은 꽃 산 이미 하나"의 운을 가진 다행시가 감동을 줍니다. 한글로 썼지만, 동양의 고전 시들이 가지고 있는 운과 율과 정서를 모두 가지고 있어서 여기 올려봅니다.

봄 여름 가을 겨울 유수와 같으나
은자는 흐르는 세월에 무심하네
꽃은 향기를 풍겨 존재를 알리나
산은 그 자체로 존재를 과시하네

이슬비가 연못 물결 흔드는 거나
미풍이 가지 흔드는 것도 같다네
하늘의 조화는 자취가 없다 하나
나름대로 존재감을 뽐내고 있네

4. 겨울은 침묵하는 시절입니다. 조용한 겨울 산을 주제로 시를 하나 적습니다.

<독목(禿木)>

빨갛게 물든 단풍
그 탄성을 자아내던 감동 가더니

어느덧 땅에 쌓인 낙엽 되어
또 다시 가슴 깊이 정감을 부르네

바스락 소리와 푹신한 감촉
이런 음율과 馨香이 넘치는

카페 같은 겨울 산에 안기고자
오늘도 못 잊어 산에 오른다

禿木!
너로 인해 이 겨울 산이 있는 게야

졸업 50주년 기념, 휘문 67회 교우회 후원 문집

휘시향, 나래를 펴다

2025년 10월 25일 발행

저　　자	김기수 김양수 김연수 김일현 김홍수 문상영 배길환 은학수 이광연 이정식 이충노
발　　행	도서출판 한행문학
발 행 인	정동희
등　　록	관악바 00017 (2010.5.25)
주　　소	서울시 중구 을지로 18길 12
전　　화	02-730-7673/ 010-6309-2050
이 메 일	daumsaedai@hanmail.net
정　　가	40,000원
I S B N	978-89-97952-61-8-03810

* 잘못된 책은 새 책과 바꾸어 드립니다 ♡
* 출판사의 서면 동의 없는 무단 전재 및 복제를 금합니다
* 본 문집은 잡지윤리실천 강령을 준수합니다